## Zu diesem Buch

Ivan Illich ist neben Camilo Torres und Dom Helder Camâra wohl der bekannteste und umstrittenste Priester Lateinamerikas. Sein Kampf für soziale Gerechtigkeit setzt im Bereich der Bildungspolitik ein, denn dort, so zeigt Illich, findet man die Reproduktionsmechanismen einer auf Unterdrückung gegründeten Gesellschaft. Dieses Buch enthält seine aufsehenerregenden Arbeiten über den Bildungsimperialismus und -kolonialismus in Lateinamerika und in den Industriestaaten. Als Leiter des Centro intercultural de documentación (CIDOC) in Cuernavaca bei Mexico City hat Illich zahlreiche Untersuchungen zur «Pädagogik der Dritten Welt» durchgeführt, die ihn zu einer radikalen Kritik des herkömmlichen Schulbegriffs geführt haben, der mit der «tätigen Nächstenliebe» in die unterentwickelten Länder exportiert wird. Illich ist Priester. Er sieht daher besonders scharf die Unterlassungssünden und Fehlinvestitionen der katholischen Kirche und macht Vorschläge zur Entmythologisierung des politischen Lebens. Darüber hinaus setzt er sich ausführlich mit dem Ausbeutungsinstrument Entwicklungshilfe auseinander, die in vielen Ländern zu Kulturverödung und Coca-Cola-Mentalität geführt hat.

«Das Buch von Ivan Illich ... ist eine sehr nützliche Publikation, die Klarheit schafft, wo bisher manches auch gutgemeinte Buch nur vernebelt hat. Das ist wichtig und sollte selbst von Lesern bedacht werden, denen Illichs Brutalität der Meinungsäußerung zum Ärgernis wird: er schreibt über eine brutale Welt (Süddeutscher Rundfunk).»

Ivan Illich wurde 1926 in Wien geboren. Sein Vater war ein katholischer Dalmatiner, seine Mutter eine lutherisch getaufte deutsche Jüdin. Er studierte Geschichte, Kristallographie, Philosophie und Theologie. Seit 1951 lebt er in Amerika. Er erwarb die US-Bürgerschaft, war mit kaum 30 Jahren Rektor der Universität von Puerto Rico, danach Seelsorger in New Yorker Slums. 1960 gründete er das oben genannte Institut CIDOC, das seither zum Mittelpunkt der Bemühungen um ein neues Erziehungssystem in unterentwickelten Ländern geworden ist. 1972 erschien sein Buch «Die Entschulung der Gesellschaft».

Ivan Illich

# Schulen helfen nicht

Über das mythenbildende
Ritual der Industriegesellschaft

*Einleitung von Erich Fromm*

Rowohlt

*Die Originalausgabe erschien bei Doubleday and Company, New York, unter dem Titel «Celebration of Awareness»*
*Aus dem Amerikanischen übertragen von* HELMUT LINDEMANN
*Titel der im Kösel-Verlag erschienenen Buchausgabe*
*«Almosen und Folter. Verfehlter Fortschritt in Lateinamerika»*
*Umschlagentwurf Jürgen Wulff*

*Ungekürzte Ausgabe*
*Veröffentlicht im Rowohlt Taschenbuch Verlag,*
*Reinbek bei Hamburg, Juli 1972,*
*als Lizenzausgabe mit freundlicher Genehmigung*
*des Kösel-Verlags GmbH & Co., München*
© *1970 by Kösel-Verlag GmbH & Co.*
*«Celebration of Awareness»*
© *1970 by Doubleday and Company, New York*
*Gesamtherstellung Clausen & Bosse, Leck/Schleswig*
*Printed in Germany*
*ISBN 3 499 16778 6*

# Inhaltsverzeichnis

Einleitung von Erich Fromm 7
Vorwort 10
Die Schule als heilige Kuh 11
Schulen helfen nicht 23
Die Ohnmacht der Kirche 37
Das Verschwinden des Priesters 45
Die Kehrseite der Barmherzigkeit 67
Die Beredsamkeit des Schweigens 81
Nicht Ausländer, aber Fremde 89
Gewalt: Ein Spiegel für Amerikaner 99
Sexuelle und politische Potenz 107
Geplante Armut als Frucht technischer Hilfe 123
Aufruf zur Feier 139
Struktur einer Kulturrevolution 143

# Einleitung

von Erich Fromm

Weder diese Aufsätze noch ihr Verfasser bedürfen einer Einleitung. Wenn trotzdem Ivan Illich mir die Ehre erwiesen hat, mich um eine Einleitung zu bitten, und wenn ich das gern übernommen habe, so scheinen wir dabei beide gedacht zu haben, eine solche Einleitung sei eine Gelegenheit, einer gemeinsamen Haltung und Überzeugung Ausdruck zu geben, obwohl einige unserer Ansichten beträchtlich auseinandergehen. Auch die Auffassung des Verfassers ist heute nicht mehr immer die gleiche wie zu der Zeit, als er im Laufe der Jahre bei verschiedenen Anlässen diese Aufsätze schrieb. Im Kern seiner Einstellung ist er sich jedoch treu geblieben, und in diesem Kern stimmen wir überein.
Es ist nicht leicht, für diesen Kern den richtigen Ausdruck zu finden. Wie kann man eine Grundeinstellung zum Leben in einen Begriff fassen, ohne sie zu verdrehen und zu verzerren? Da wir uns aber in Worten mitteilen, scheint mir der angemessenste oder richtiger der am wenigsten unangemessene Ausdruck „radikaler Humanismus" zu sein.
Was heißt radikal? Was heißt radikaler *Humanismus*?
Mit Radikalismus meine ich nicht in erster Linie eine bestimmte Gedankenwelt, sondern vielmehr eine Haltung oder Einstellung. Diese kann man zunächst mit dem Motto versehen: *de omnibus dubitandum*. Alles muß in Zweifel gezogen werden, zumal die ideologischen Vorstellungen, die sich praktisch jedermann angeeignet hat und die daher die Rolle von unbezweifelbaren Axiomen des gesunden Menschenverstandes übernommen haben.
„Zweifeln" in diesem Sinne bedeutet nicht den psychologischen Zustand, in dem man zu Entscheidungen oder Überzeugungen außerstande ist – wie es bei krankhafter Zweifelsucht der Fall ist. Gemeint ist die Bereitschaft und Fähigkeit, alle Postulate und Institutionen kritisch in Frage zu stellen, die unter dem Namen gesunder Menschenverstand, Logik und als das sogenannte „Natürliche" zu Götzen geworden sind. Dieses radikale Infragestellen ist nur möglich, wenn man die Vorstellungen der eigenen Gesellschaft oder auch einer ganzen Geschichtsepoche – etwa der westlichen Kultur seit der Renaissance – nicht für selbstverständlich hält und wenn man ferner den Horizont des eigenen Bewußtseins ausweitet und in die unbewußten Bereiche des eigenen Denkens vordringt. Radikaler

Zweifel ist ein Akt des Aufdeckens und Entdeckens; es ist das Dämmern des Bewußtseins, daß der Kaiser nackt ist und daß seine prächtigen Kleider lediglich Gebilde der eigenen Phantasie sind.
Radikaler Zweifel heißt Infragestellen; es bedeutet nicht notwendigerweise Verneinung. Es ist einfach zu verneinen, indem man das Gegenteil des Vorhandenen postuliert. Radikaler Zweifel ist dialektisch insofern, als er die Entwicklung von Gegenpositionen umfaßt und eine neue Synthese anstrebt, die verneint *und* bejaht.
Radikaler Zweifel ist ein Prozeß: ein Prozeß der Befreiung von abgöttischem Denken, eine Ausweitung des Bewußtseins und der phantasievollen, schöpferischen Sicht der Möglichkeiten, die sich uns bieten. Die radikale Einstellung vollzieht sich nicht im luftleeren Raum. Sie entspringt nicht dem Nichts, sondern den Wurzeln, und die Wurzeln sind, wie Marx einmal gesagt hat, der Mensch. Die Aussage „Der Mensch ist die Wurzel" ist aber nicht in positivistischem, beschreibendem Sinn gemeint. Sprechen wir vom Menschen, so sprechen wir von ihm nicht als von einem Ding, sondern als von einem Prozeß. Wir sprechen von seinem Vermögen, alle seine Kräfte zu entwickeln: zu größerer Intensität des Seins, zu größerer Harmonie, größerer Liebe und größerer Bewußtheit. Auch sprechen wir von einem Menschen, der das Vermögen hat, korrumpiert zu werden, dessen Macht zu handeln umgewandelt wird in die Leidenschaft zur Macht über andere; dessen Liebe zum Leben entartet zur Leidenschaft, das Leben zu vernichten.
Radikaler Humanismus ist radikales Infragestellen, das gelenkt wird von dem Verständnis für die Dynamik der menschlichen Natur und von der Sorge um das Wachstum und die volle Entfaltung des Menschen. Im Gegensatz zum heutigen positivistischen Denken ist es nicht „objektiv", falls Objektivität bedeutet, daß man theoretisiert, ohne leidenschaftlich einem Ziel verpflichtet zu sein, das den Denkprozeß treibt und nährt. Es ist jedoch überaus objektiv, wenn das bedeutet, daß beim Denkprozeß jeder Schritt sich auf kritisch gesichtete Beweise stützt; und wenn es sich ferner kritisch verhält gegenüber Voraussetzungen des gesunden Menschenverstandes. Das alles bedeutet, daß der radikale Humanismus jeden Gedanken und jede Institution dahin in Frage stellt, ob sie die Fähigkeit des Menschen zu mehr Lebendigkeit und Freude fördern oder behindern. Hier ist nicht der Ort, um langwierige Beispiele für Voraussetzungen des gesunden Menschenverstandes zu geben, wie sie der radikale Humanismus in Frage stellt. Das ist auch nicht nötig, weil ja Ivan Illichs Aufsätze ebensolche Beispiele behandeln, etwa die

Nützlichkeit der Schulpflicht oder die heutige Funktion der Priester. Viele andere ließen sich beibringen, von denen manche in den Vorträgen des Verfassers enthalten sind. Ich möchte nur einige erwähnen, etwa den heutigen Begriff „Fortschritt", der das Prinzip des ständigen Wachsens von Produktion, Konsum, Zeitersparnis, Höchstleistung, Gewinn und Berechenbarkeit aller wirtschaftlichen Vorgänge ohne Rücksicht darauf umfaßt, welche Wirkung sie auf die Qualität des Lebens und auf die Entfaltung des Menschen haben. Oder das Dogma, daß vermehrter Konsum den Menschen glücklich mache, daß das Management von Großbetrieben notwendigerweise bürokratisch und entfremdet sein müsse; daß es der Sinn des Lebens sei, zu haben (und zu benutzen), und nicht zu sein; daß die Vernunft im Verstand beheimatet und vom Gefühlsleben abgetrennt sei; daß das Neue immer besser sei als das Alte; daß Radikalismus notwendigerweise die Tradition verleugne; daß das Gegenteil von „Ruhe und Ordnung" ein Mangel an Struktur sei. Kurzum, daß die Ideen und Begriffe, die sich während der Entwicklung der modernen Naturwissenschaft und des Industrialismus herausgebildet haben, denen aller früheren Kulturen überlegen und für den Fortschritt der Menschheit unentbehrlich seien.

Der radikale Humanismus stellt alle diese Behauptungen in Frage und hat keine Angst davor, zu Gedanken und Lösungen zu gelangen, die vielleicht absurd klingen. Der große Wert von Ivan Illichs Schriften scheint mir gerade darin zu liegen, daß sie dem radikalen Humanismus im weitesten und phantasievollsten Sinne Ausdruck verleihen. Der Verfasser ist ein Mann von seltenem Mut, großer Lebendigkeit, außerordentlicher und brillanter Gelehrsamkeit und fruchtbarer Phantasie. Sein ganzes Denken gründet sich auf seine Sorge um die Entfaltung des Menschen — körperlich, seelisch und geistig. Seine Gedanken in diesen wie in anderen Schriften sind deshalb so wichtig, weil sie völlig neue Möglichkeiten aufzeigen und dadurch auf den Geist eine befreiende Wirkung ausüben. Sie machen den Leser lebendiger, weil sie das Tor öffnen, das aus dem Gefängnis landläufiger, unfruchtbarer und vorgefaßter Vorstellungen hinausführt. Sie vermitteln einen schöpferischen Schock — freilich nicht denen, die auf solchen Unsinn nur zornig reagieren — und helfen dadurch, Kraft und Hoffnung zu einem Neubeginnen anzuregen.

# Vorwort

In jedem Kapitel dieses Buches bemühe ich mich, das Wesen einer Gewißheit in Frage zu stellen. Daher handelt jedes Kapitel von Täuschung — von der Täuschung, die in einer unserer Institutionen verkörpert ist. Institutionen schaffen Gewißheiten. Nimmt man Gewißheiten ernst, so töten sie das Herz und fesseln die Phantasie. Stets hege ich die Hoffnung, daß meine Äußerungen, ob zornig oder leidenschaftlich, ob listig oder harmlos, auch ein Lächeln hervorrufen und damit eine neue Freiheit, selbst wenn die Freiheit etwas kostet.

Bald nach ihrer ersten Veröffentlichung wurden diese Aufzeichnungen berüchtigt. Das kam nicht von ungefähr. Jeder Aufsatz wurde in einer anderen Sprache geschrieben, richtete sich an eine andere Gruppe von Gläubigen, sollte in einer bestimmten Vertrauenskrise ins Schwarze treffen. Jeder ging irgendwelchen wohletablierten Bürokraten gegen den Strich, wenn diese gerade besondere Schwierigkeiten hatten, eine „Wie gehabt"-Situation rational einzuordnen. Diese Artikel wurden also buchstäblich für den Augenblick geschrieben. Die Zeit, die seit ihrem Erscheinen vergangen ist, hat hin und wieder eine Einzelheit beeinflußt: Zahlen oder die damals erörterte Situation, aber auch meine eigene Haltung können sich seither ein wenig geändert haben. Ich habe jedoch die Aufsätze absichtlich nicht, wie die Journalisten sagen, für die Buchausgabe „auf Stand gebracht". Sie repräsentieren einen Standpunkt zu einer zeitlich bestimmten Erscheinung und sollen als solcher erhalten bleiben. Ihre Zusammenstellung hat ferner die Wiederholung gewisser Tatsachen und die Wiederkehr von Redewendungen unvermeidlich gemacht. Auch diese lasse ich — zur Unterstreichung und als tatsächliches Zeugnis — unverändert, obwohl ich dies vermieden hätte, wenn ich ursprünglich daran gedacht hätte, daß ich meine gelegentlichen Schriften zu einem Buch zusammenfassen würde.

Cuernavaca, Morelos
Mexiko 1970

Ivan D. Illich

# Die Schule
# als heilige Kuh

*Nur wenn wir das Schulwesen als das zentrale mythenbildende Ritual der Industriegesellschaft begreifen, können wir erklären, warum ein so tiefes Bedürfnis danach besteht, warum ein komplexer Mythos es umgibt und auf welche unlösliche Weise die Schulbildung mit dem Selbstverständnis des zeitgenössischen Menschen verknüpft ist. Eine Promotionsrede in der Staatsuniversität von Puerto Rico gab mir Gelegenheit, dieses Verhältnis zu untersuchen.*

Die Schule als Institution befindet sich gegenwärtig in einer Krise, die vielleicht das Ende des „Schulzeitalters" in der westlichen Welt bringen wird. Ich spreche vom „Schulzeitalter" in demselben Sinne, wie wir von der „Feudalzeit" oder dem „christlichen Zeitalter" sprechen. Das „Schulzeitalter" hat vor etwa zweihundert Jahren begonnen. Allmählich entstand die Vorstellung, daß Schulbildung erforderlich sei, damit man zu einem nützlichen Mitglied der Gesellschaft werde. Es ist die Aufgabe Ihrer Generation, diesen Mythos zu begraben.

Sie befinden sich in einer paradoxen Situation. Am Ende und als Ergebnis Ihres Studiums können Sie erkennen, daß die Bildung, welche Ihre Kinder verdienen und verlangen werden, eine Revolutionierung des Schulsystems erfordern, dessen Produkte Sie selber sind. Das Promotionsritual, das wir heute feierlich zelebrieren, bestätigt die Vorrechte, welche die Gesellschaft von Puerto Rico mittels eines kostspieligen Systems subventionierter öffentlicher Schulen den Söhnen und Töchtern ihrer privilegiertesten Bürger verleiht. Sie sind Teil der privilegiertesten zehn Prozent Ihrer Generation, Teil jener winzigen Gruppe, die ein Universitätsstudium abgeschlossen hat. Ihnen ist das Fünfzehnfache an Bildungsinvestitionen zugute gekommen wie einem durchschnittlichen Angehörigen der ärmsten zehn Prozent der Bevölkerung, die vor Abschluß der fünften Klasse in der Schule durchgefallen sind.

Das Diplom, das Sie heute erhalten, bescheinigt die Legitimität Ihrer Fähigkeiten. Denen, die sich selber gebildet haben und sich ihre Fähigkeiten auf einem in Puerto Rico amtlich nicht anerkannten Wege verschafft haben, steht dieses Diplom nicht zur Verfügung. Die Lehrpläne der Universität von Puerto Rico sind alle von der *Middle States Association of Colleges and Secondary Schools* ordnungsgemäß beglaubigt worden.

Der akademische Grad, den Ihnen die Universität heute verleiht, bedeutet, daß Ihre Eltern Sie während der letzten sechzehn Jahre genötigt haben, sich freiwillig oder unfreiwillig der Zucht dieses komplizierten Schulrituals zu unterwerfen. Neun Monate im Jahr sind Sie an fünf Tagen in der Woche in dem sakralen Bereich der Schule anwesend gewesen und haben diese Anwesenheit gewöhnlich ohne Unterbrechung Jahr für Jahr fortgesetzt. Staatsbeamte und Arbeitnehmer in der Industrie glauben mit gutem Grund, daß Sie die Ordnung nicht untergraben werden, der Sie sich so gewissenschaft unterworfen haben, während Sie Ihr „Einführungszeremoniell" absolvierten.

Ein großer Teil Ihrer Jugend wurde in der Obhut der Schule verbracht. Man erwartet, daß Sie sich jetzt an die Arbeit begeben, um künftigen Generationen die Ihnen verliehenen Vorrechte zu erhalten.

Puerto Rico ist in der westlichen Hemisphäre das einzige Gemeinwesen, das 30 Prozent seines Staatshaushaltes für Bildung verwendet. Es ist eines von sechs Ländern der Welt, die sechs bis sieben Prozent ihres Nationaleinkommens für Bildung ausgeben. In Puerto Rico kosten die Schulen mehr und beschäftigen mehr Menschen als irgendein anderer Bereich des öffentlichen Lebens. An keiner andern gesellschaftlichen Tätigkeit ist ein so großer Teil der Gesamtbevölkerung von Puerto Rico beteiligt.

Sehr viele Menschen erleben diese Veranstaltung am Fernsehschirm mit. Soviel Feierlichkeit wird ihnen einerseits ihr Gefühl bestätigen, daß sie bildungsmäßig unterlegen sind, und wird andererseits ihre — weitgehend zur Aussichtslosigkeit verurteilten — Hoffnungen bestärken, daß sie eines Tages selber ein Hochschuldiplom erhalten könnten.

Puerto Rico ist geschult. Ich sage lieber nicht gebildet, sondern geschult. Die Puertoricaner können sich ein Leben ohne Beziehung zur Schule nicht mehr vorstellen. Das Verlangen nach Bildung ist heute dem Zwang zur Schulung gewichen. Puerto Rico hat eine neue Religion angenommen. Ihre Lehre besagt, daß Bildung ein Produkt der Schule sei, ein Produkt, das sich mit Zahlen definieren läßt. Da gibt es Zahlen, die angeben, wieviele Jahre ein Schüler unter der Obhut von Lehrern verbracht hat, während andere Zahlen den Anteil von richtigen Antworten in einer Prüfung wiedergeben. Mit dem Empfang eines Diploms erhält das Bildungsprodukt Marktwert. So garantiert der Schulbesuch als solcher Aufnahme in den Kreis disziplinierter Verbraucher in der Technokratie — wie in früheren Zeiten der Kirchenbesuch die Zugehörigkeit zur Gemeinschaft der Heiligen garantierte. Vom Gouverneur bis zum *jibaro* akzeptiert Puerto Rico heute die Ideologie seiner Lehrer, wie es einstmals die Theologie seiner Priester akzeptiert hat. Die Schule wird heute mit Bildung identifiziert, wie einst die Kirche mit Religion.

Das heutige Beglaubigungsverfahren erinnert an die königlichen Gunstbeweise, die einstmals der Kirche zuteil wurden. Die staatlichen Subventionen für das Bildungswesen heute entsprechen den königlichen Schenkungen an die Kirche gestern. So rasch ist die Macht des Diploms in Puerto Rico gewachsen, daß die Armen ihr Elend auf den Mangel ebendessen zurückführen, was Ihnen, den heute Diplomierten, die Teilhabe an Macht und Privilegien der Gesellschaft gewährleistet.

Eine Untersuchung lehrt, daß in Puerto Rico doppelt so viele Abiturienten an der Universität studieren wollen wie in den Vereinigten Staaten. Dagegen ist die Wahrscheinlichkeit, ein Hochschuldiplom zu erlangen, für den Puertoricaner viel geringer als in den USA. Diese zunehmende Diskrepanz zwischen Wünschen und Möglichkeiten kann nur zu einer tiefen Frustrierung der Bewohner dieser Insel führen.

Je später ein puertoricanisches Kind in der Schule durchfällt, um so schmerzlicher empfindet es sein Versagen. Entgegen einer verbreiteten Auffassung hat die verstärkte Betonung der Schulbildung die Klassengegensätze in Puerto Rico heute verschärft und hat auch das Gefühl der Unterlegenheit verstärkt, das die Puertoricaner gegenüber den Vereinigten Staaten empfinden.

Ihrer Generation fällt die Aufgabe zu, für Puerto Rico einen Bildungsweg zu entwickeln, der sich von dem heutigen radikal unterscheidet und von dem Beispiel anderer Gesellschaften unabhängig ist. Ihre Sache ist es zu fragen, ob sich Puerto Rico wirklich unwiderruflich in ein passives Produkt des Lehrberufes verwandeln will. Sie müssen entscheiden, ob Sie Ihre Kinder einer Schule unterwerfen wollen, die sich durch nordamerikanische Anerkennung Ansehen verschaffen, sich durch die Qualifikation von Arbeitskräften rechtfertigen und ihre Funktion darin sehen will, daß sie es den Kindern des Bürgertums gestattet, es mit der Familie Jones in Westchester County, New York, aufzunehmen.

Die eigentliche heilige Kuh in Puerto Rico ist die Schule. Die Verfechter von Commonwealth, Eigenstaatlichkeit und Unabhängigkeit finden alle die Schule ganz selbstverständlich. Tatsächlich kann keine dieser Alternativen ein Puerto Rico befreien, das weiterhin in erster Linie auf die Schulbildung vertraut. Will diese Generation also die echte Befreiung Puerto Ricos, so muß sie Bildungsalternativen erfinden, die dem „Schulzeitalter" ein Ende machen. Das wird eine schwierige Aufgabe sein. Die Schulbildung hat sich eine ansehnliche Folklore geschaffen. Die Hochschulprofessoren in ihren Talären, die wir heute erlebt haben, erinnern an die Prozession von Klerikern und kleinen Engeln am Fronleichnamstag. Der heiligen katholischen und apostolischen Kirche erwächst in der beglaubigten, pflichtmäßigen, unberührbaren und allgemeinen Schule ein Rivale. Die Alma Mater ersetzt die Mutter Kirche. Die Macht der Schule, den Slumbewohner zu retten, gleicht der Macht der Kirche, den mohammedanischen

Mohren vor der Hölle zu retten. (*Gehenna* bedeutet im Hebräischen sowohl Slum als auch Hölle.) Der Unterschied zwischen Kirche und Schule besteht hauptsächlich darin, daß die Schulriten heute viel strenger und drückender geworden sind, als es die Riten der Kirche in den schlimmsten Zeiten der spanischen Inquisition gewesen sind. Die Schule ist zur Staatskirche des säkularisierten Zeitalters geworden. Die heutige Schule geht zurück auf den Drang nach allgemeiner Schulbildung, der vor zweihundert Jahren als ein Versuch begann, jedermann in den Industriestaat einzugliedern. Im industriellen Mutterland war die Schule die integrierende Institution. In den Kolonien trichterte die Schule den herrschenden Klassen die Wertvorstellungen der imperialen Macht ein und vertiefte in den Massen das Minderwertigkeitsgefühl gegenüber der von den Schulen gebildeten Elite. Weder die Nation noch die Industrie des vorkybernetischen Zeitalters kann man sich ohne die allgemeine Taufe durch Schulbesuch vorstellen. Der Durchfaller von heute entspricht dem rückfällig gewordenen Marranen im Spanien des 11. Jahrhunderts.

Wir stehen, wie ich hoffe, am Ende der Ära des Industriezeitalters. Wir werden jedenfalls nicht mehr lange leben, wenn wir nicht die Anachronismen nationale Souveränität, industrielle Autarkie und kulturellen Narzißmus beseitigen – die von den Schulen zu einem Resteeintopf verrührt werden. Nur in ihrem sakralen Bezirk konnte den jungen Puertoricanern solche alte Suppe serviert werden.

Ich hoffe, daß Ihre Enkel auf einer Insel leben werden, wo die Mehrheit dem Schulbesuch ebensowenig Bedeutung beimißt wie heute dem Besuch der Messe. Noch ist dieser Tag fern, doch hoffe ich, daß Sie die Verantwortung dafür, ihn herbeizuführen, übernehmen, ohne zu fürchten, daß Sie als Ketzer, Staatsfeinde oder undankbare Geschöpfe verdammt werden. Es mag Sie trösten, daß diejenigen, welche die gleiche Verantwortung in sozialistischen Ländern übernehmen, auf ähnliche Weise beschimpft werden.

In unserer puertoricanischen Gesellschaft gibt es viele Meinungsverschiedenheiten. Die Natur wird durch die Industrialisierung bedroht, das Kulturerbe wird durch Kommerzialisierung verfälscht, die Menschenwürde wird durch Publizität, die Phantasie durch die Gewalttätigkeit untergraben, welche die Massenmedien kennzeichnet. Jedes dieser Dinge liefert Stoff für eine ausgedehnte öffentliche Debatte. Es gibt Leute, die weniger Industrie, weniger Englisch und weniger Coca-Cola wünschen, und andere, die mehr davon haben wollen. Alle aber sind sich einig, daß Puerto Rico viel mehr Schulen benötigt.

Das soll nicht heißen, daß man in Puerto Rico Bildungsfragen nicht diskutiert. Ganz im Gegenteil. Es dürfte schwierig sein, eine Gesellschaft zu finden, deren führende Politiker und Industrielle sich so viel mit Bildung beschäftigen. Sie alle wollen mehr Bildung, bezogen auf den Sektor, den sie repräsentieren. Diese Kontroversen dienen jedoch lediglich dazu, die öffentliche Meinung in der Schulideologie zu bestärken, die Bildung auf eine Verbindung von Klassenzimmern, Lehrplänen, Subventionen, Prüfungen und Noten reduziert.

Ich nehme an, daß das, was wir heute Schule nennen, gegen Ende des Jahrhunderts ein historisches Überbleibsel sein wird, das aus der Zeit der Eisenbahn und des Privatautos stammt und zusammen mit ihnen abgeschafft worden ist. Es wird sich gewiß bald erweisen, daß die Schule mit Bildung etwa ebensoviel zu tun hat wie der Medizinmann mit der öffentlichen Gesundheitspflege.

Die Trennung von Bildung und Schulwesen ist meiner Meinung nach bereits im Gange und wird von drei Kräften gefördert: von der Dritten Welt, von den Gettos und von den Universitäten. In den Nationen der Dritten Welt benachteiligt das Schulwesen die Mehrheit und disqualifiziert die Autodidakten. Viele Angehörige der „schwarzen" Gettos sehen in den Schulen „Weißmacher". Die protestierenden Studenten erklären uns, daß die Schule sie langweile und zwischen ihnen und der Wirklichkeit stehe. Das sind zweifellos Zerrbilder, aber die Mythologie des Schulwesens erschwert es uns, die dahinterliegende Wirklichkeit wahrzunehmen.

Die Kritik der heutigen Studenten an ihren Lehrern ist so grundlegend wie einst die Kritik ihrer Großväter am Klerus. Die Trennung der Bildung vom Schulwesen hat ihr Vorbild in der Entmythologisierung der Kirche. Heute kämpfen wir im Namen der Bildung gegen einen Lehrberuf, der unfreiwillig zu einem ökonomischen Interesse geworden ist, wie in früherer Zeit die Reformatoren gegen einen Klerus kämpften, der – häufig unfreiwillig – Teil der alten Machtelite geworden war. Die Teilhabe an einem „Produktionssystem", gleichgültig welcher Art, hat von jeher die prophetische Rolle der Kirche ebenso bedroht, wie sie jetzt die Bildungsfunktion der Schule bedroht.

Der Schulprotest hat tiefere Ursachen als das, was seine Anführer vorschützen. Das ist zwar häufig politisch, wird aber als Forderung nach verschiedenen Reformen des Systems vorgetragen. Solche Forderungen hätten niemals breite Unterstützung gefunden, wenn die Schüler nicht den Glauben und die Achtung vor der Institution, die sie großgemacht hat, verloren hätten. Schülerstreiks sind Ausdruck einer tiefen Einsicht, die unter der jungen Generation weit verbreitet ist: die Einsicht, daß das Schulwesen die Bildung entwürdigt hat, daß die Schule bildungs- und gesellschaftsfeindlich geworden ist, wie zu andern Zeiten die Kirche antichristlich wurde oder Israel dem Götzendienst verfiel. Ich glaube, daß sich diese Einsicht auf eine kurze Formel bringen läßt.

Der Protest einiger Studenten heute entspricht dem „Abfall" jener charismatischen Führer, ohne die die Kirche niemals reformiert worden wäre. Ihre Prophezeihungen führten zum Martyrium, ihre theologischen Einsichten zu ihrer Verfolgung als Ketzer, ihr frommes Handeln hat sie oftmals auf den Scheiterhaufen gebracht. Immer wird der Prophet des Umsturzes, der Theologe mangelnder Ehrfurcht angeklagt, und der Heilige wird als Irrer abgeschrieben.

Die Lebenskraft der Kirche ist immer davon abhängig gewesen, daß ihre Bischöfe ein Ohr für die Vorstellungen jener Gläubigen besaßen, die in der Starrheit der Riten ein Hindernis für ihren Glauben sahen. Da die Kirchen unfähig sind, einen Dialog zwischen herrschenden Klerikern und Andersdenkenden zu führen, sind sie museumsreif geworden, und ebendies könnte sehr leicht dem heutigen Schulwesen widerfahren. Es fällt der Universität leichter, das Andersdenken aus vorübergehenden Ursachen zu erklären, als dieses Andersdenken auf eine tiefgehende Entfremdung der Schüler von der Schule zurückzuführen. Es fällt auch den Studentenführern leichter, mit politischen Schlagwörtern zu operieren als einen grundlegenden Angriff gegen heilige Kühe zu führen. Die Universität setzt sich der Gefahr aus, daß man sie wegen ihrer angeblichen Leichtgläubigkeit auslacht, wenn sie die Herausforderung ihrer andersdenkenden Studenten annimmt und ihnen dabei hilft, die Sorgen, die sie deshalb hegen, weil sie das Schulwesen ablehnen, auf vernünftige und verständliche Weise zu formulieren. Der Studentenführer, der unter seinen Kameraden das Bewußtsein einer tiefen Abneigung gegen ihre Schule (nicht gegen die Bildung selber) zu fördern versucht, stellt fest, daß er ein Maß von Besorgnis weckt, dem sich nur wenige seiner Anhänger stellen mögen.

Die Universität muß zu unterscheiden lernen: zwischen unfruchtbarer Kritik an Schulbehörden und dem Aufruf, die Schule für die Bildungszwecke umzugestalten, für die sie geschaffen wurde; zwischen destruktiver Wut und der Forderung nach radikal neuen Bildungsformen, wie sie sich ein von der Schultradition geprägter Verstand kaum vorzustellen vermag; zwischen Zynismus, der neue

Vorteile für die ohnehin Privilegierten anstrebt, und sokratischem Sarkasmus, der an dem Bildungswert anerkannter Formen der Unterweisung zweifelt, in die die Institution den Großteil ihrer Mittel investiert. Es ist mit andern Worten nötig, zwischen entfremdetem Pöbel und wohlüberlegtem Protest zu unterscheiden, der sich auf die Ablehnung der Schule als Symbol des *status quo* gründet.

An keiner Stelle Lateinamerikas haben die Aufwendungen für Bildung, das Verlangen nach Bildung und Information über Bildung so rasch zugenommen wie in Puerto Rico. Es gibt daher auch keinen andern Ort, an dem Angehörige Ihrer Generation so leicht die Suche nach einem neuen Stil des öffentlichen Bildungswesens aufnehmen könnten, wie hier in Puerto Rico. An Ihnen liegt es, uns zurückzuholen, indem Sie erkennen, daß die Generationen vor Ihnen bei dem Versuch, gesellschaftliche Gleichheit auf dem Weg über die allgemeine Schulpflicht zu erreichen, in die Irre gegangen sind.

In Puerto Rico scheiden drei von zehn Schülern aus der Schule aus, ehe sie die sechste Klasse beendet haben. Das heißt, daß aus Familien mit unterdurchschnittlichem Einkommen nur jedes zweite Kind die Grundschule absolviert. Daher huldigt die Hälfte aller Eltern in Puerto Rico einer betrüblichen Illusion, wenn sie glauben, daß ihre Kinder mehr als eine Außenseiterchance haben, auf die Universität zu gelangen.

Die öffentlichen Mittel für Bildungszwecke fließen unmittelbar den Schulen zu, ohne daß die Schüler darauf Einfluß haben. Die politische Rechtfertigung dieses Verfahrens lautet, daß damit jeder gleichermaßen Zugang zum Klassenzimmer erhalte. Die hohen Kosten dieser Art von Bildung, die von größtenteils außerhalb Puerto Ricos ausgebildeten Pädagogen diktiert wird, straft jedoch die Vorstellung vom gleichen Zugang öffentlich Lügen. Öffentliche Schulen mögen allen Lehrern zugute kommen, doch von den Schülern kommen sie hauptsächlich den wenigen zugute, die bis zu den obersten Stufen des Systems vordringen. Gerade weil wir darauf beharren, die „freie Schule" direkt zu finanzieren, bewirken wir, daß die knappen Mittel auf Wohltaten für die Kinder der wenigen konzentriert werden.

Ich glaube, daß jeder Puertoricaner das Recht auf einen gleichen Anteil am Bildungsbudget hat. Das ist etwas ganz anderes und viel Konkreteres als das bloße Versprechen eines Platzes in der Schule. Ich glaube beispielsweise, daß ein Dreizehnjähriger, der nur vier Jahre zur Schule gegangen ist, auf die restlichen Bildungsmittel mehr Anspruch hat als Schüler des gleichen Alters, die schon acht

Schuljahre hinter sich haben. Und je „benachteiligter" ein Mitbürger ist, um so mehr benötigt er eine Garantie seines Anspruchs.

Beschlösse man in Puerto Rico, diesem Anspruch zu genügen, dann müßte man die freie Schule sofort aufgeben. Der auf jede Person entfallende jährliche Betrag würde bei den jetzigen Kosten offenbar nicht für ein ganzes Schuljahr ausreichen. Die Unzulänglichkeit wäre natürlich noch viel drastischer, wenn das gesamte Bildungsbudget für alle Stufen auf die Bevölkerung zwischen sechs und fünfundzwanzig Jahren aufgeteilt würde — also auf die Zeit vom Kindergarten bis zum Abschluß des Hochschulstudiums, zu dem angeblich alle Puertoricaner freien Zugang haben.

Diese Tatsachen stellen uns vor eine dreifache Wahl. Wir können um den Preis der Gerechtigkeit und eines guten Gewissens das System so lassen, wie es ist; wir können die vorhandenen Mittel ausschließlich dafür verwenden, um Kindern, deren Eltern ein unterdurchschnittliches Einkommen haben, freien Schulbesuch zu ermöglichen; oder wir benutzen die verfügbaren öffentlichen Mittel, um allen diejenige Bildung zu bieten, die ein gleicher Anteil an diesen Mitteln jedem gewährleisten kann. Die Wohlhabenderen könnten natürlich zu diesem Betrag etwas zuschießen und ihren Kindern weiterhin das fragwürdige Privileg verschaffen, an dem Verfahren teilzunehmen, das Sie heute abschließen. Die Armen würden ihren Anteil gewiß dazu benutzen, sich auf wirksamere und billigere Weise Bildung zuzulegen.

Vor der gleichen Wahl stehen natürlich erst recht andere lateinamerikanische Länder, in denen für jedes Kind häufig jährlich nicht mehr als 20 Dollar zur Verfügung ständen, wenn die 20 Prozent des Steueraufkommens, die jetzt für Bildungszwecke bereitstehen, auf alle Kinder verteilt würden, die nach dem derzeitigen Gesetz schulpflichtig sind. Dieser Betrag würde niemals für ein ganzes Jahr herkömmlicher Schulbildung ausreichen. Er würde jedoch genügen, um einer großen Zahl von Kindern und Erwachsenen Jahr für Jahr einen Monat intensiver Bildung zu ermöglichen. Er würde auch genügen, um die Verteilung von pädagogischen Spielen zu finanzieren, die zur Beherrschung von Zahlen, Buchstaben und logischen Symbolen führen, und um wiederkehrende Abschnitte einer intensiven Lehrlingsausbildung zu unterstützen. In Nordostbrasilien hat Paulo Freire (der dann zum Verlassen des Landes gezwungen wurde) uns gezeigt, daß er mit dem einmaligen Aufwand dieses Betrages 25 Prozent einer analphabetischen Bevölkerung so weiterzubilden vermochte, daß sie das Notwendigste lesen konnten. Das aber war, wie er betonte, nur möglich, wenn sein Leseplan sich auf Schlüsselwörter konzentrieren konnte, die innerhalb eines Gemeinwesens politisch umstritten waren.

Meine Vorschläge mögen viele Leute kränken. Aber wir haben von den großen Positivisten und Liberalen den Grundsatz übernommen, öffentliche Mittel für die Verwaltung von Schulen zu verwenden, die von hauptberuflichen Erziehern geleitet werden; genau wie einstmals der Zehnte an die Kirche gegeben wurde, damit er dort von Priestern verwaltet wurde. Ihnen bleibt es überlassen, den Kampf gegen die freie Staatsschule im Namen echter Chancengleichheit im Bildungswesen zu führen. Ich bewundere diejenigen von Ihnen, die mutig genug sind, diesen Kampf aufzunehmen.

Die Jugend will Bildungseinrichtungen, die ihr Bildung verschaffen. Sie will und braucht nicht bemuttert, bestätigt oder indoktriniert zu werden. Es ist offenbar schwierig, Bildung von einer Schule zu erlangen, die sich weigert zu bilden, sofern nicht die Schüler sich gleichzeitig mit fürsorglicher Aufsicht, unfruchtbarem Wettbewerb und Indoktrination abfinden. Es ist offenbar schwierig, einen Lehrer zu finanzieren, der gleichzeitig als Vormund, Schiedsrichter, Berater und Lehrplanmanager gilt. Es ist unwirtschaftlich, diese Funktionen in einer Institution zusammenzufassen. Gerade die Verschmelzung dieser oftmals antithetischen Funktionen macht die in Schulen erworbene Bildung so kostspielig. Sie ist auch die Ursache unseres ständigen Mangels an Bildungsmitteln. An Ihnen liegt es, Institutionen zu schaffen, die jedermann Bildung im Rahmen der öffentlichen Mittel bieten können.

Erst wenn Puerto Rico psychologisch über die Schule hinausgewachsen ist, wird es imstande sein, Bildung für jedermann zu finanzieren, und erst dann wird man wirklich leistungsfähige, nichtschulische Formen der Bildung gelten lassen. Einstweilen wird man diese neuen Bildungsformen behelfsweise als Ausgleich für das Versagen der Schulen entwerfen müssen. Um neue Bildungsformen zu schaffen, werden wir Alternativen zur Schule nachweisen müssen, die Schülern, Lehrern und Steuerzahlern eine bessere Möglichkeit anbieten. Es gibt keinen einleuchtenden Grund, warum man die Bildung, welche die Schulen zu liefern jetzt unterlassen, nicht erfolgreicher im Rahmen der Familie, der Berufsarbeit oder gemeinnütziger Betätigung oder auch in Bibliotheken neuen Stils und andern Institutionen erwerben sollte, die Gelegenheit zum Lernen bieten. Aber die institutionelle Gestalt, welche das Bildungswesen in der Gesellschaft von morgen erhalten wird, ist noch nicht deutlich zu erkennen.

Ebensowenig konnte einer der großen Reformatoren im voraus den Stil der Institutionen bestimmen, der sich aus seinen Reformen ergeben würde. Die Befürchtung, daß auch neue Institutionen wieder unvollkommen sein könnten, rechtfertigt nicht, daß wir uns willig in die derzeit vorhandenen fügen.

Dieser Aufruf, sich ein Puerto Rico ohne Schulen vorzustellen, muß für viele von Ihnen überraschend kommen. Aber wahre Bildung macht uns ja gerade für Überraschungen bereit. Die Zielsetzung des öffentlichen Bildungswesens sollte nicht weniger grundlegend sein als die Zielsetzung der Kirche, obwohl diese deutlicher zutage liegt. Das Hauptziel des öffentlichen Bildungswesens sollte darin bestehen, eine Lage zu schaffen, in der die Gesellschaft jeden einzelnen zwingt, sich seiner selbst und seiner Armut bewußt zu werden. Bildung bedeutet die Ausbildung eines unabhängigen Lebensgefühls und eine Bezüglichkeit, die Hand in Hand damit geht, daß die im Zusammenleben der Menschen aufbewahrten Erinnerungen zugänglich und nutzbar gemacht werden. Die Bildungsinstitution liefert dafür den Mittelpunkt. Das setzt einen Ort in der Gesellschaft voraus, an dem jeder von uns durch Überraschung aufgeweckt wird; eine Stätte der Begegnung, an der andere mich mit ihrer Freiheit überraschen und mir die eigene Freiheit bewußt machen. Soll die Universität sich ihrer Tradition würdig erweisen, so muß sie selber eine Institution sein, deren Ziele als Ausübung von Freiheit verstanden werden und deren Autonomie sich gründet auf das Vertrauen, welches die Öffentlichkeit in den Gebrauch dieser Freiheit setzt.

Meine Freunde, es ist Ihre Aufgabe, sich und uns mit dem Bildungswesen zu überraschen, das Sie mit Erfolg für Ihre Kinder erfinden. Unsere Hoffnung auf Erlösung liegt darin, daß wir von dem andern überrascht werden. Mögen wir lernen, immer neue Überraschungen zu erleben. Ich habe mich schon vor langer Zeit entschlossen, bis zum letzten Akt meines Lebens, also im Tode selber noch auf Überraschungen zu hoffen.

# Schulen helfen nicht

*Um jedem Bürger der Vereinigten Staaten eine Schulbildung zu vermitteln, wie sie heute nur das wohlhabende Drittel der Bevölkerung genießt, müßten die jährlichen Ausgaben um 40 Milliarden Dollar gegenüber den augenblicklichen Kosten von etwa 37 Milliarden Dollar erhöht werden.*

*Die Summe übersteigt die derzeitigen Rüstungsausgaben für den Krieg in Vietnam. Offensichtlich sind die USA zu arm, um eine allseits gerechte Bildung in diesem Umfang bereitzustellen. Und doch ist es politisch untunlich und geistig anstößig, wenn man das trügerische Ziel anzweifelt, allen Bürgern gleiche Bildungschancen dadurch zu gewähren, daß man ihnen die Möglichkeit verschafft, eine gleiche Zahl von Jahren in der Schule zu verbringen.*

*Die Illusionen des einen erkennt man häufig am besten im Lichte der Selbsttäuschungen eines andern. Meine Erörterung der Nutzlosigkeit von Schulbildung in der Dritten Welt — 1968 als Aufsatz in einer Zeitschrift erschienen — mag dazu beitragen, die allgemeine Nutzlosigkeit der Bildungseinrichtungen in aller Welt darzulegen.*

In den letzten zwanzig Jahren ist die Erörterung der Entwicklung in Lateinamerika stets von demographischen Überlegungen bestimmt worden. In dem Gebiet von Mexiko bis Chile lebten 1950 etwa 200 Millionen Menschen; davon ernährten sich 120 Millionen unmittelbar oder mittelbar von einer primitiven Landwirtschaft. Legt man sowohl eine wirksame Bevölkerungskontrolle als auch die bestmöglichen Ergebnisse von Programmen zur Intensivierung der Landwirtschaft zugrunde, so werden 1985 vierzig Millionen Menschen den größten Teil der Nahrungsmittel für eine Bevölkerung von insgesamt 360 Millionen erzeugen. Die übrigen 320 Millionen werden entweder volkswirtschaftlich randständig sein oder müssen irgendwie in das städtische Leben und die Industrieproduktion eingegliedert werden. Während eben dieser zwanzig Jahre haben sich die lateinamerikanischen Regierungen ebenso wie ausländische Hilfsorganisationen immer mehr darauf verlassen, daß Mittel-, Gewerbe- und Oberschulen imstande seien, die nichtländliche Mehrheit aus ihrem randständigen Dasein in Hüttenstädten und Hungerhöfen heraus- und in Produktions-, Markt- und Öffentlichkeitsverhältnisse hineinzuführen, wie sie der modernen Technik entsprechen. Man nahm an, daß die Schulbildung schließlich einen breiten Mittelstand mit ähnlichen Wertvorstellungen wie in den hochindustrialisierten Nationen schaffen würde, obwohl das Wirtschaftsleben von dauerndem Mangel geprägt blieb.

Es häufen sich jetzt die Beweise dafür, daß Schulbildung die erwarteten Ergebnisse nicht liefert und nicht liefern kann. Vor einigen Jahren schlossen sich die Regierungen der amerikanischen Staaten zu einer Allianz für den Fortschritt zusammen, deren Praxis hauptsächlich den Fortschritt des Mittelstandes in den lateinischen Nationen gefördert hat. In den meisten Ländern hat die Allianz sich um die Ablösung einer geschlossenen, erblich feudalen Elite durch eine andere bemüht, die angeblich „meritokratisch" ist und den wenigen offensteht, die eine abgeschlossene Schulbildung zustandebringen. Hand in Hand damit ist das dienende städtische Proletariat mehrmals so schnell gewachsen wie die besitzlosen ländlichen Massen und hat diese an Bedeutung übertroffen. Die Kluft zwischen der randständigen Mehrheit und der Minderheit mit Schulbildung wird immer breiter. Die eine alte Feudalgesellschaft hat zwei getrennte und ungleiche Klassen hervorgebracht.

Diese Entwicklung hat dazu geführt, daß die Bildungsforschung sich vornehmlich damit beschäftigt hat, den Lernprozeß in den Schulen zu verbessern und die Schulen selber den besonderen Verhältnissen anzupassen, wie sie in unterentwickelten Gesellschaften bestehen. Logisch wäre es allerdings, nicht bei dem Versuch, die Schulen zu verbessern, stehenzubleiben, sondern vielmehr die Voraussetzungen in Frage zu stellen, auf denen das Schulsystem als solches beruht. Wir dürfen nicht die Möglichkeit ausschließen, daß die neu entstehenden Nationen nicht geschult werden können, daß Schulen keine brauchbare Antwort auf ihr Bedürfnis nach einer umfassenden Bildung sind. Vielleicht bedarf es solcher Erkenntnisse, um den Weg auf eine Zukunftsbühne freizumachen, von der Schulen, wie wir sie heute kennen, verschwinden würden.

Der soziale Abstand zwischen den wachsenden Massen in den Städten und der neuen Elite ist eine neue Erscheinung, ganz anders als die bisher in Lateinamerika üblichen Formen der Benachteiligung. Diese neue Benachteiligung ist nicht eine vorübergehende Erscheinung, die durch Schulbildung überwunden werden kann. Ich behaupte vielmehr, daß einer der Gründe für die einsetzende Frustrierung der Mehrheit die fortschreitende Durchsetzung des „liberalen Mythos" ist — die Annahme, daß Schulbildung die Integrierung in die Gesellschaft gewährleiste.

Die Solidarität aller Bürger, die sich auf ihre gemeinsame Schulbildung gründet, ist unveräußerlicher Bestandteil des modernen westlichen Selbstverständnisses. Es ist der Kolonisierung nicht gelungen, diesen Mythos gleichermaßen in alle Länder zu verpflanzen, doch ist Schulbildung überall die Vorbedingung der Zugehörigkeit zur Mittelschicht der Manager geworden. Die politische Geschichte Lateinamerikas seit der Erlangung seiner Unabhängigkeit hat die Massen dieses Kontinents besonders empfänglich für die Überzeugung gemacht, daß alle Bürger das Recht und daher auch eine gewisse Möglichkeit besitzen, durch die Schultür Eingang in ihre Gesellschaft zu erlangen.

Mehr als anderswo hat der Lehrer als Missionar des Schulevangeliums Anhänger ganz unten im Volke gefunden. Noch vor wenigen Jahren waren viele von uns glücklich, als endlich das lateinamerikanische Schulwesen zum bevorzugten Ziel internationaler Investitionen erwählt wurde. Tatsächlich sind öffentliche Haushalte und private Geldgeber in den letzten Jahren gedrängt worden, größere Aufwendungen für Bildungszwecke zu machen. Blickt man genauer hin, so zeigt sich jedoch, daß dieses Schulsystem eine schmale Brücke über eine breiter werdende gesellschaftliche Kluft gebaut hat. Als einzig legitimer Weg zur Mittelschicht versperrt das Schulsystem alle unkonventionellen Übergänge und schiebt dem Leistungsschwachen die Schuld an seiner Randständigkeit zu.

Amerikaner können diese Feststellung nur schwer begreifen. In den Vereinigten Staaten hat sich die aus dem 19. Jahrhundert stammende Überzeugung erhalten, daß kostenlose Schulbildung allen Bürgern wirtschaftliche Gleichheit und effektive Teilhabe an der Gesellschaft gewährleistet. Es ist zwar keineswegs sicher, daß die Schulbildung diesen Erwartungen jemals entsprochen hat, doch haben die Schulen vor etwa hundert Jahren bei diesem Prozeß sicherlich eine bedeutendere Rolle gespielt als heute.

Um die Mitte des 19. Jahrhunderts war ein junger Mann nach sechs Jahren Schule häufig seinem Boß an Bildung überlegen. In einer Gesellschaft, die weithin von ungeschulten Erfolgsmenschen beherrscht wurde, war das kleine rote Schulhaus in der Tat ein Weg zu gesellschaftlicher Gleichheit. Ein paar Jahre gemeinsamer Schulzeit glich die Extreme meistens aus. Wer ohne Schulbildung zu Geld und Macht kam, mußte denen, die lesen und schreiben lernten, ohne reich zu werden, eine gewisse Gleichheit zugestehen. Computer, Fernsehen und Flugzeuge haben das geändert. Im heutigen Lateinamerika werden inmitten der modernen Technik dreimal soviel Zeit und zwanzigmal soviel Geld, wie damals für Mittelschulen ausgegeben wurden, nicht das gleiche gesellschaftliche Ergebnis erzielen. Wer in der sechsten Klasse durchfällt, kann nicht einmal als Billettknipser oder Eisenbahnarbeiter beschäftigt werden.

Das heutige Lateinamerika braucht Schulsysteme so wenig wie Eisenbahngeleise. Beide haben, die Kontinente umspannend, dazu gedient, die heute reichen und etablierten Nationen beschleunigt in das Industriezeitalter hineinzuführen. Beide sind, geht man heute vorsichtig damit um, harmlose Erbstücke des viktorianischen Zeitalters. Beide sind aber belanglos für Länder, die aus einer primitiven Landwirtschaft unmittelbar in das Düsenzeitalter eintreten. Lateinamerika kann es sich nicht leisten, inmitten moderner technischer Entwicklungsprozesse überholte gesellschaftliche Einrichtungen beizubehalten.

Unter Schule verstehe ich natürlich nicht jede Form von organisierter Bildung. Ich benutze hier die Begriffe Schule und Schulbildung, um eine Form der Betreuung von Kindern und eine *rite de passage* zu bezeichnen, die wir selbstverständlich finden. Wir vergessen, daß diese Institution und die zugehörige Ideologie erst mit dem Heranwachsen des Industriestaates aufgetaucht sind. Heute erfordert eine vollständige Schulbildung, daß alle Betroffenen pflichtmäßig das ganze Jahr über täglich mehrere Stunden lang in kleinen Gruppen in der Klasse anwesend sind. Dazu werden alle Staatsbürger zehn bis achtzehn Jahre lang gezwungen. Die Schule teilt das Leben in zwei Abschnitte, deren Länge sich immer mehr angleicht. Nicht zuletzt bedeutet das Schulwesen die aufsichtsmäßige Fürsorge für Personen, die anderswo als unerwünscht nur deshalb gelten, weil man eben Schulen für sie gebaut hat. Die Schule soll die überschüssige Bevölkerung von den Straßen, aus den Familien oder vom Arbeitsmarkt abziehen. Lehrer erhalten die Befugnis, neue Maßstäbe zu erfinden, nach denen weitere Bevölkerungsgruppen an eine Schule verwiesen werden können. Diese Freiheitsbeschränkung gesunder, produktiver und grundsätzlich unabhängiger Menschen erreichen die Schulen mit einem so geringen Aufwand, daß nur Arbeitslager damit konkurrieren könnten.

Zum Schulwesen gehört auch ein gleichsam als Ritual anerkanntes Bescheinigungsverfahren für alle Angehörigen einer „verschulten" Gesellschaft. Schulen wählen diejenigen aus, denen der Erfolg sicher ist, und schicken sie mit einem Etikett auf den Weg, das sie als tauglich ausweist. Wird erst einmal die allgemeine Schulbildung als Stempel für jene akzeptiert, die gesellschaftlich privilegiert sind, so bemißt sich ihre Tauglichkeit viel eher danach, wieviel Zeit und Geld in ihrer Jugend für ihre Schulbildung aufgewendet worden ist, als nach den Fähigkeiten, die sie unabhängig von einem „anerkannten" Lehrplan erworben haben.

Ein erster wichtiger Schritt zu einer radikalen Bildungsreform in Lateinamerika wird getan sein, wenn das Bildungssystem der USA als das anerkannt wird, was es ist: eine in jüngerer Zeit entstandene, phantasievolle Sozialerfindung, die seit dem Zweiten Weltkrieg vervollkommnet worden ist und ihre geschichtlichen Wurzeln in der amerikanischen Vorstellung von der „Grenze" hat. Die Schöpfung des allumfassenden Schulwesens, das mit Industrie, Staat und Militär verknüpft ist, stellt eine nicht weniger originelle Erfindung dar als das zunftgebundene Lehrlingswesen des Mittelalters, als die von den spanischen Missionaren geschaffene *doctrina de los indios* in Mexiko und die *reducción* in Paraguay oder als das *lycée* und *les grandes écoles* in Frankreich. Jedes dieser Systeme wurde von der Gesellschaft geschaffen, um einer Errungenschaft Stabilität zu verleihen; jedes ist stark von einem Ritual durchdrungen, dem sich die Gesellschaft gebeugt hat; und jedes ist zu einer allumfassenden Weltanschauung, Religion oder Ideologie ausgestaltet worden. Die Vereinigten Staaten sind nicht die erste Nation, die bereit war, einen hohen Preis dafür zu entrichten, daß Missionare ihr Bildungssystem in alle Ecken der Welt exportieren. Die Kolonisierung Lateinamerikas durch den Katechismus war jedenfalls ein bemerkenswerter Präzedenzfall.

Es ist heute schwierig, die Schule als System in Frage zu stellen, weil wir so daran gewöhnt sind. Unsere industriellen Kategorien sind dazu angetan, Ergebnisse als die Produkte spezialisierter Institutionen und Instrumente anzusehen. Armeen liefern ihren Ländern Verteidigung. Kirchen sorgen für die Erlösung im Jenseits. Alfred Binet, der französische Psychologe, hat die Intelligenz als das definiert, was seine Tests testen. Warum soll man dann nicht Bildung als Erzeugnis von Schulen verstehen? Läßt man dieses Etikett erst einmal gelten, so macht Bildung ohne Schulen den Eindruck, als wäre sie etwas Unechtes, Illegitimes und jedenfalls Nichtbeglaubigtes.

Seit einigen Generationen gründet sich Bildung auf massive Schulung, wie sich die Sicherheit auf massive Vergeltung und — wenigstens in den Vereinigten Staaten — das Verkehrswesen auf das Familienauto gründen. Weil die USA sich eher industrialisiert haben, sind sie reich genug, um sich Schulen, das Strategische Luftkommando und das Auto zu leisten, was immer das kosten mag. Die meisten Nationen der Erde sind nicht so reich; sie benehmen sich jedoch so, als ob sie es wären. Das Beispiel von Nationen, die es „geschafft haben", veranlaßt die Brasilianer dazu, das Familienauto zum Ideal zu erheben — allerdings nur für wenige. Es zwingt die Peruaner, Geld auf Mirage-Bomber zu verschwenden — nur als Schau. Und es treibt jede Regierung in Lateinamerika, bis zu zwei Fünfteln ihres Budgets für Schulen auszugeben, ohne daß jemand dem entgegentritt.

Verharren wir einen Augenblick bei dieser Analogie zwischen dem Schulwesen und dem auf dem Familienauto beruhenden Verkehrswesen. Ein Auto zu besitzen, wird jetzt in Lateinamerika rasch zu einem Ideal — mindestens für diejenigen, die bei der Formulierung nationaler Ziele mitzureden haben. In den letzten zwanzig Jahren sind Straßen, Parkmöglichkeiten und der Service für Privatwagen enorm verbessert worden. Die Verbesserungen kommen ganz überwiegend denen zugute, die ein Auto besitzen — also einem winzigen Prozentsatz. Die für Verkehrszwecke bereitgestellten Haushaltsmittel verhindern also ein bestmögliches Verkehrswesen für die große Mehrheit, und die gewaltigen Kapitalinvestitionen auf diesem Gebiet sorgen dafür, daß diese Benachteiligung von Dauer ist. In manchen Ländern wenden sich jetzt aufgeweckte Minderheiten dagegen, daß das Familienauto in Entwicklungsländern als Normaleinheit des

Verkehrswesens gilt. Sich gegen eine radikale Einschränkung der Vermehrung von Schulen zu wenden, käme jedoch überall in Lateinamerika dem politischen Selbstmord gleich. Oppositionsparteien dürfen gelegentlich die Notwendigkeit von Superstraßen oder von Waffen in Frage stellen, die lediglich bei Paraden eingesetzt werden. Aber welcher vernünftige Mensch würde bezweifeln, daß es nötig sei, jedem Kind die Chance zum Besuch eines Gymnasiums zu verschaffen?

Die Fähigkeit armer Nationen, Bildung zu schaffen, wäre jedoch bereits erschöpft, ehe sie diesen Zustand einer allgemeinen Schulbildung erreichen können. Selbst eine Schulzeit von zehn oder zwölf Jahren bleibt in unserm Jahrhundert 85 Prozent aller Menschen verschlossen, soweit sie nicht auf den winzigen Inseln leben, auf denen Kapital angehäuft wird. Nirgends in Lateinamerika gelingt es mehr als 27 Prozent irgendeiner Altersgruppe, über die sechste Klasse hinauszukommen, und nicht mehr als ein Prozent absolviert eine Universität. Gleichwohl wendet kein Staat weniger als 18 Prozent seines Haushalts für Schulen auf, und viele geben dafür mehr als 30 Prozent aus. Die allgemeine Schulbildung, wie man sie heutzutage in Industriegesellschaften versteht, überfordert offensichtlich die vorhandenen Mittel. Was ein Bürger der USA zwischen seinem zwölften und vierundzwanzigsten Lebensjahr jährlich für Schulbildung ausgibt, entspricht etwa dem, was die meisten Lateinamerikaner in zwei oder drei Jahren verdienen.

Schulen werden für die Entwicklungsnationen unerreichbar bleiben. Weder eine radikale Bevölkerungskontrolle noch ein Höchstmaß an Umstellungen in den Staatshaushalten noch beispiellose ausländische Hilfsprogramme würden etwas an dem jetzigen Zustand ändern: daß ein Schulsystem, welches zwölf Schuljahre für alle vorsieht, sich nicht verwirklichen läßt. Wenn die Gesamtbevölkerung so jung ist wie im tropischen Amerika, kann eine Bevölkerungskontrolle erst nach längerer Zeit wirksam werden. Der Anteil der internationalen Mittel, der in Schulen investiert wird, kann nicht über ein gewisses Niveau angehoben werden, und dieses Budget kann auch nicht über vorhersehbare Maximalbeträge hinauswachsen. Schließlich müßte ausländische Hilfe auf 30 Prozent des Staatshaushaltes jedes Empfängerlandes anwachsen, um eine ausreichende Schulbildung bereitzustellen; damit ist nicht zu rechnen.

Zudem wachsen allenthalben die Pro-Kopf-Kosten der Schulbildung, je mehr die Schulen auch schwierig zu unterweisende Schüler aufnehmen, je länger die Schüler bleiben und je besser das

Schulwesen selber wird. Diese steigenden Kosten gleichen die neuen Investitionen großenteils aus. Schulen werden nämlich im Dutzend nicht billiger.

Angesichts aller dieser Faktoren müssen Erhöhungen der Schulbudgets gewöhnlich mit Argumenten verteidigt werden, die auf Versäumnisse schließen lassen. Tatsächlich kann man jedoch nicht an die Schulen rühren, weil sie für den status quo lebenswichtig sind. Für die Bildung in einer entfremdeten Gesellschaft bewirken die Schulen eine Milderung des subversiven Potentials; bleibt nämlich die Bildung auf Schulen beschränkt, so werden zu ihren höheren Stufen nur diejenigen zugelassen, die man auf den unteren Stufen zur Fügsamkeit erzogen hat. In kapitalarmen Gesellschaften, die nicht reich genug sind, um sich eine unbegrenzte Schulbildung leisten zu können, wird die Mehrheit nicht nur zu Fügsamkeit, sondern zu Untertänigkeit erzogen.

Da die lateinamerikanischen Verfassungen mit einem Blick auf die USA geschrieben wurden, stellte das Ideal einer umfassenden Schulbildung eine schöpferische Utopie dar. Das war eine Vorbedingung für die Entstehung der lateinamerikanischen Bourgeoisie im 19. Jahrhundert. Ohne die Fiktion, daß jeder Staatsbürger das Recht auf Schulbesuch hat, hätte sich das liberale Bürgertum niemals entwickeln können; das hätten auch die mittelständischen Massen im heutigen Europa, in den Vereinigten Staaten und Rußland so wenig gekonnt wie die mittlere Elite der Manager in ihren kulturellen Kolonien Südamerikas. Dieselbe Schule aber, die im vorigen Jahrhundert die Überwindung des Feudalismus bewirkt hat, ist jetzt zu einem tyrannischen Götzen geworden, der diejenigen beschützt, die bereits geschult sind. Schulen graduieren und degradieren daher auch. Sie erreichen, daß der Degradierte seine Unterwerfung hinnimmt. Gesellschaftlicher Rang richtet sich nach der Stufe der Schulbildung, die man erreicht hat. Überall in Lateinamerika bedeutet mehr Geld für Schulen mehr Privilegien für wenige auf Kosten der meisten, und diese Begünstigung einer Elite wird als politisches Ideal hingestellt. Dieses Ideal schreibt man in Gesetze hinein, die verkünden, was offensichtlich unmöglich ist: gleiche Schulchancen für alle.

Die Zahl zufriedener Schüler, die alljährlich mit dem Abschluß die Schule verlassen, ist viel kleiner als die Zahl der frustrierten „Durchfaller", die durch ihr Scheitern zur Verwendung als randständige Arbeitskraft gerade zurechtkommen. Die dadurch entstehende steile Bildungspyramide liefert die Grundlage für die Abstufung der gesellschaftlichen Rangfolge. Die Staatsbürger werden in ihren Rang „verschult". Das Ergebnis sind politisch annehmbare Formen einer Diskriminierung, welche die relativ wenigen, die ans Ziel gelangen, begünstigt.

Der Umzug vom Land in die Stadt bedeutet in Lateinamerika häufig immer noch den Umzug aus einer Welt, wo der Status als ererbt gilt, in eine Welt, wo er als Ergebnis der Schulbildung angesehen wird. Die Schulen lassen es zu, daß Überlegenheit als Leistung ausgelegt wird. Sie lassen Vorrechte nicht nur als Gleichheit, sondern auch als Großmut erscheinen. Falls jemand in frühen Jahren in der Schule durchgefallen und infolgedessen mit seinem Status unzufrieden ist, kann er jederzeit an eine Abend- oder Handelsschule verwiesen werden. Macht er sich solche anerkannten Hilfsmittel nicht zunutze, so kann man seinen Ausschluß von Privilegien als eigenes Verschulden erklären. So mildern die Schulen die Frustrationen, die sie selber hervorrufen.

Das Schulsystem erreicht auch selber, daß es überall gebilligt wird. Ein wenig Schulbesuch bedeutet nicht notwendigerweise mehr Bildung als gar keiner, zumal in einem Lande, wo alljährlich ein paar mehr Menschen soviel Schulbildung erlangen können, wie sie wollen, während die meisten Menschen niemals die sechste Klasse beenden. Anscheinend sind aber längst keine sechs Jahre nötig, um dem Kind die Ideologie einzutrichtern, die jeweils seiner Schulstufe entspricht. Das Kind lernt nur, daß diejenigen, welche mehr Schulbildung als es selber haben, einen höheren Rang und unbestrittene Autorität besitzen.

Jede Erörterung radikaler Alternativen zu einer schulzentrierten Bildung stört unsere Vorstellung von Gesellschaft. So wenig Schulen auch für die Bildung einer Mehrheit leisten, so sehr sie auch den Zugang zur Elite beschränken mögen, so großzügig sie ihre bildungsfremden Vorteile über die Angehörigen dieser Elite ausschütten – Schulen erhöhen jedenfalls das Volkseinkommen. Sie befähigen ihre Absolventen zu vermehrter wirtschaftlicher Leistung. In einer Volkswirtschaft, die sich von einer niedrigeren Stufe zur amerikanischen Form der Industrialisierung hinentwickelt, ist ein Schulabsolvent unerhört viel produktiver als ein „Durchfaller". Schulen sind fester Bestandteil einer Gesellschaft, in der eine Minderheit im Begriff ist, so produktiv zu werden, daß die Mehrheit zu braven Verbrauchern geschult werden muß. Bestenfalls trägt die Schulbildung also dazu bei, die Gesellschaft in zwei Gruppen aufzuteilen: die einen sind so produktiv, daß der zu erwartende jährliche Zuwachs ihres persönlichen Einkommens weit über dem Volksdurchschnitt liegt, während das Einkommen der überwältigenden Mehrheit zwar auch wächst, aber offensichtlich viel langsamer. Diese Wachstumsraten bewirken natürlich, daß sich die beiden Gruppen immer weiter voneinander entfernen.

Radikale Neuerungen im institutionalisierten Bildungswesen bewirken radikale politische Veränderungen des Menschen, der sich als ein schulbedürftiges Wesen versteht. Das wird oft vergessen, wenn weitreichende Schulreformen vorgeschlagen werden und an dem Gesellschaftsgefüge scheitern, das wir billigen. So wird z.B. die gewerbliche Schule als Allheilmittel für die Schulbildung der Massen empfohlen. Es ist jedoch zweifelhaft, ob die Absolventen gewerblicher Schulen in einer sich ständig wandelnden, immer weiter automatisierten Volkswirtschaft überhaupt Arbeit finden würden. Außerdem liegen die Betriebskosten einer gewerblichen Schule heutiger Art um das Mehrfache höher als die Kosten einer normalen Schule der gleichen Stufe. Ferner nehmen gewerbliche Schulen gewöhnlich Absolventen der sechsten Klasse auf, die, wie wir gesehen haben, bereits die Ausnahme sind. Gewerbliche Schulen behaupten zu bilden, indem sie in einem Schulgebäude das trügerische Abbild einer Fabrik errichten.

Anstelle der gewerblichen Schule sollten wir an eine subventionierte Umgestaltung industrieller Anlagen denken. Es sollte möglich sein, Fabriken zu verpflichten, daß sie in der arbeitsfreien Zeit als Ausbildungsstätten dienen; Manager müßten einen Teil ihrer Zeit für Planung und Beaufsichtigung dieser Ausbildung verwenden, und der Produktionsprozeß müßte so umgestaltet werden, daß er Bildungswert bekommt. Würden die derzeitigen Aufwendungen für Schulen teilweise dazu bestimmt, vorhandene Einrichtungen für Bildungszwecke zu nutzen, dann könnten die Ergebnisse schließlich – für die Wirtschaft wie für die Bildung – unvergleichlich größer sein. Würde ferner solche subventionierte Lehrzeit allen, die sich darum bewerben, ohne Rücksicht auf ihr Alter und nicht nur denen angeboten, die später in diesem Unternehmen beschäftigt werden sollen, dann würde die Industrie allmählich eine wichtige Rolle übernehmen, welche heute die Schule spielt. Wir würden uns langsam von der Vorstellung freimachen, daß die Qualifikation der Arbeitskräfte der Anstellung, daß Schulbildung der produktiven Arbeit vorausgehen müsse. Es gibt keinen Grund, aus dem wir die mittelalterliche Tradition fortsetzen sollten, derzufolge die Menschen für das „weltliche Leben" dadurch vorbereitet wurden, daß man sie in einem sakralen Bezirk einsperrte, mochte das nun Kloster, Synagoge oder Schule sein.

Ein zweites häufig erörtertes Heilmittel gegen das Versagen der Schulen ist die Erwachsenenbildung. Paolo Freire hat in Brasilien bewiesen, daß Erwachsene, die man an politischen Problemen ihres Gemeinwesens interessieren kann, in einem sechs Wochen dauernden Abendkurs lesen und schreiben lernen können. Natürlich muß sich solche Unterweisung im Lesen und Schreiben um die mit Emotionen geladenen Schlüsselwörter aus dem politischen Wortschatz der Erwachsenen aufbauen. Begreiflicherweise hat dieser Umstand Freires Programm in Schwierigkeiten gebracht. Man hat auch gesagt, daß die Dollarkosten für zehn Einzelmonate Erwachsenenbildung etwa denen für ein Jahr Kinderschule entsprechen, aber viel mehr ausrichten, als die Schule im günstigsten Falle vermag.

Leider versteht man unter „Erwachsenenbildung" heute hauptsächlich eine Einrichtung, die dem „Unterprivilegierten" ein Pflaster für die mangelnde Schulbildung liefern soll. Es müßte gerade umgekehrt sein, wenn wir jegliche Bildung als Einübung des Erwachsenseins verständen. Wir sollten erwägen, die pflichtmäßige Schulzeit radikal auf zwei Monate jährlich zu verkürzen – dann aber diese Art von formeller Bildung über die ersten zwanzig oder dreißig Jahre im Leben des Menschen zu erstrecken.

Während verschiedene Formen von praktischer Lehrzeit in den Fabriken sowie programmierte Unterweisung in Mathematik und Fremdsprachen einen großen Teil dessen ausmachen könnten, was wir bisher „Unterricht" genannt haben, sollten zwei Monate institutionalisierter Schulbildung im Jahr mehr als ausreichend sein für das, was die Griechen unter *scholé* verstanden – Muße, um Erkenntnissen nachzugehen. Es ist nicht erstaunlich, daß wir es nahezu unmöglich finden, uns umfassende soziale Veränderungen vorzustellen, welche die Bildungsfunktionen der Schule in neuer Form auf Institutionen verteilen würden, die wir uns heute noch nicht ausmalen. Ebenso schwierig finden wir es, konkrete Möglichkeiten nachzuweisen, wie die bildungsfremden Funktionen eines dahinschwindenden Schulsystems neu verteilt werden sollen. Wir wissen nichts mit denen anzufangen, die wir jetzt als „Kinder" oder „Schüler" bezeichnen und in die Schule schicken.

Es ist schwierig, die politischen Folgen so grundlegender Veränderungen, wie sie hier vorgeschlagen werden, vorauszusehen, ganz zu schweigen von den internationalen Konsequenzen. Wie soll eine in Schulen aufgewachsene Gesellschaft mit einer andern koexistieren, die „den Schulstandard aufgegeben" hat und deren Industrie, Handel, Werbung und Teilhabe am politischen Leben prinzipiell verschieden sind? Gebiete, die sich außerhalb des allgemeinen Schulstandards entwickeln, würden der gemeinsamen Sprache und Maßstäbe für ein respektvolles Zusammenleben mit den Geschulten ermangeln. Zwei solche Welten, etwa China und die USA, müßten sich vielleicht fast hermetisch gegeneinander abriegeln.

Der schulgebildete Geist entsetzt sich voreilig über die Bildungsmittel, die diesen andern Welten verfügbar sind. Für ihn ist es ein schwieriger Gedanke, Maos Partei als eine Bildungseinrichtung „anzuerkennen", die leistungsfähiger sein könnte als die besten Schulen – mindestens wenn es darum geht, staatsbürgerliches Bewußtsein zu vermitteln. In Lateinamerika ist der Guerillakrieg ebenfalls ein Bildungsmittel, das viel häufiger mißbraucht oder mißverstanden als angewendet wird. So sah z.B. Ché Guevara darin offenbar die letzte Möglichkeit, ein Volk über die Illegitimität seines politischen Systems zu unterrichten. Zumal in schularmen Ländern, wo das Transistorradio bis ins letzte Dorf vorgedrungen ist, dürfen wir nie die Bildungsfunktion großer charismatischer Außenseiter unterschätzen, wie es Dom Helder Camara in Brasilien oder Camilo Torres in Kolumbien sind. Castro bezeichnete seine ersten charismatischen Dauerreden als „Lehrsitzungen".

Der schulgebildete Geist begreift diese Vorgänge ausschließlich als politische Indoktrination, und ihre Bildungsabsicht entzieht sich seinem Verständnis. Weil Bildung durch Schulen legitimiert wird, besteht die Neigung, alle nichtschulische Bildung als Zufall, wenn nicht gar als Fehltritt anzusehen. Dennoch ist es überraschend, wie schwer es dem schulgebildeten Geist fällt zu erkennen, wie unerbittlich Schulen ihre vermeintliche Notwendigkeit und damit zugleich die angebliche Unvermeidbarkeit des Systems eintrichtern, das sie unterstützen. Die Schulen lehren das Kind, das politische System zu akzeptieren, das sein Lehrer repräsentiert, obwohl behauptet wird, der Unterricht sei unpolitisch.

Letzten Endes wird der Kult der Schulbildung ebenso zu Gewalttätigkeit führen, wie es die Etablierung *jeder* Religion noch getan hat. Wenn man zuläßt, daß sich das Evangelium von der allgemeinen Schulbildung in Lateinamerika ausbreitet, dann muß die Fähigkeit der Militärs, Aufsässigkeit zu unterdrücken, noch größer werden. Nur Gewalt wird schließlich die Aufsässigkeit meistern, die aus den frustrierten Erwartungen erwächst, welche die Werbung für den Schulmythos hervorruft. Die Beibehaltung des jetzigen Schulsystems könnte sich als ein wichtiger Schritt auf dem Wege zu einem lateinamerikanischen Faschismus erweisen. Nur der von der Vergötzung eines Systems hervorgerufene Fanatismus kann schließlich mit der massiven Diskriminierung fertigwerden, die sich einstellen muß, wenn eine nach Kapital hungernde Gesellschaft nochmals zwanzig Jahre lang nach Schulnoten eingeteilt wird.

Es ist an der Zeit zu erkennen, welche Last die Schulen eigentlich für die Entwicklungsnationen bedeuten, damit wir Veränderungen der Gesellschaftsstruktur ins Auge fassen können, die heute Schulen notwendig macht. Ich empfehle für Lateinamerika nicht eine umwälzende Utopie wie die chinesischen Kommunen. Wohl aber möchte ich, daß wir unsere Phantasie um Entwürfe bemühen, die eine kühne Neuverteilung der Bildungsfunktionen zwischen Industrie, Politik, kurzen „Schulfreizeiten" und intensiver Vorbereitung der Eltern auf eine Vorschulerziehung ermöglichen würden. Die Schulkosten muß man nicht nur nach wirtschaftlichen, sozialen und bildungsmäßigen, sondern auch nach politischen Kategorien berechnen. In einer Mangelwirtschaft, in die jetzt die Automation eindringt, betonen und regulieren Schulen nur das Nebeneinander von zwei Gesellschaften, deren eine die Kolonie der andern ist.

Begreift man erst einmal, daß die Kosten des Schulwesens nicht geringer sind als die Kosten des Chaos, so stehen wir vielleicht am Rande eines mutig kostspieligen Kompromisses. Wenn man heute in Lateinamerika den Mythos anzweifelt, daß das Heil der Gesellschaft im Schulwesen beschlossen liege, so ist das immer noch ebenso gefährlich, wie wenn man vor dreihundert Jahren das Gottesgnadentum der katholischen Könige angezweifelt hätte.

# Die Ohnmacht der Kirche

*Im April 1967 trafen sich die Sekretäre für Sozialaktion der anglikanischen Kirche zu einer Beratung. Ich wurde dazu eingeladen. Soziale Fragen lagen dutzendweise auf dem Tisch, und zu manchen gab es mehr als eine widersprüchliche Meinung. Ich hatte den Eindruck, daß die Konferenz sich bemühte, bei jeder Frage festzustellen, welche Haltung die christliche sei; wo das nicht ging, versuchte sie wenigstens die eine Haltung für christlicher zu erklären als die andere.*

*Die nachstehende Ansprache war einer meiner Beiträge zu der Konferenz. Sie behandelt die Rolle der Kirche in der Verwandlung und Entwicklung der Gesellschaft.*

*Mittelbar bringt sie zum Ausdruck, was es für mich bedeutet, Christ zu sein.*

Ich behaupte, daß nur die Kirche uns „offenbaren" kann, was Entwicklung im vollen Sinne bedeutet. Um dieser Aufgabe gerecht zu werden, muß die Kirche erkennen, daß sie die Macht verliert, Entwicklung zu dirigieren oder hervorzubringen. Je weniger sie als Macht erreicht, um so wirksamer kann sie als Zelebrant des Mysteriums sein.

Wo diese Feststellung verstanden wird, stößt sie auf gleiche Ablehnung bei dem Vertreter der Hierarchie, der Kollekten dadurch rechtfertigen möchte, daß er seinen Dienst an den Armen verstärkt, und bei dem Rebellenpriester, der seine Amtstracht bei der Agitation als attraktives Panier verwenden möchte. Beide machen sich aus dem sozialen Dienst, den die Kirche leistet, einen Beruf. In meinen Augen repräsentieren beide ein Hindernis für die besondere Aufgabe der Kirche: die Verkündigung des Evangeliums.

Diese besondere Aufgabe der Kirche muß ein Beitrag zur Entwicklung sein, den keine andere Institution leisten könnte. Ich meine, daß dieser Beitrag der Glaube an Christus ist. Auf die Entwicklung angewendet, bedeutet Glaube an Christus die Offenbarung, daß die Entwicklung der Menschheit zur Verwirklichung des Reiches tendiert, welches der in der Kirche bereits gegenwärtige Christus ist. Die Kirche verdolmetscht dem heutigen Menschen Entwicklung als ein Hineinwachsen in Christus. Sie führt ihn zur Kontemplation dieses Mysteriums im Gebet und zu dessen Feier in der Liturgie.

Ich glaube, die besondere Aufgabe der Kirche in der Welt von heute besteht darin, die Erfahrung des Wandels zu feiern. Um diese Aufgabe zu erfüllen, wird die Kirche allmählich die „Macht, Gutes zu tun", die sie jetzt hat, aufgeben und dafür sorgen müssen, daß diese Macht auf eine Institution neuer Art übergeht; auf freiwillige und sogar umstrittene Verkörperungen weltlicher Religion.

Ich werde noch erklären, was ich unter dem fortschreitenden Verzicht auf Macht und dem Wachstum weltlicher Religion verstehe. Hier möchte ich erläutern, was ich unter der Feier des Wandels verstehe.

Wir haben aufgehört, in einem strengen und vorgeformten Rahmen zu leben. Allumfassender, durchdringender Wandel ist die grundlegende Erfahrung unseres Zeitalters; sie schockiert diejenigen, welche für ein anderes Zeitalter geboren wurden.

In der Vergangenheit war die gleiche Erfahrung die Ausnahme und nahm vielerlei Gestalt an: Exil, Auswanderung, Kerker, Verschickung nach Übersee, Erziehung, Krankenhausaufenthalt. Sie alle repräsentierten üblicherweise den plötzlichen Verlust der Umwelt, welche die Gefühle und Vorstellungen eines Menschen geprägt hatte. Dieses Erlebnis des Wandels hat in der technologischen Gesellschaft jeder einzelne in einem lebenslangen Prozeß.

In Cuernavaca haben wir ein Zentrum geschaffen, wo wir Menschen dazu ausbilden, daß sie mit andern fühlen, was Wandel für ihre Herzen bedeutet. Was geht in einem Menschen vor, wenn seine vertraute Umgebung plötzlich verschwindet und mit ihr die Symbole, die er verehrt hat? Was geschieht, wenn die Wörter, in die den Strom seines Lebens zu ergießen er gelehrt worden war, ihre gewohnte Bedeutung verlieren?

Was sind die Empfindungen eines Gebirgsindianers, der in eine Fabrik gesteckt wird? Welche Ängste verspürt ein Missionar aus Chicago, der plötzlich in Bolivien dem Gebirge ausgeliefert wird und merkt, daß er zur Ablenkung von Napalbomben benutzt wird? Was geht im Herzen einer Nonne vor, die das Kloster verläßt?

Diese Fragen sind zugleich präzise und schwer zu fassen; jede muß zu dem einen Herzen stimmen, welches sie öffnet.

Welche Drohung und welche Herausforderung bedeutet gesellschaftlicher Wandel für diesen einzelnen oder für jene Gruppe? Wie reagieren dieses Herz oder jene allgemeine Stimmung auf eine Veränderung der Szenerie? Wir sprechen von Drohung und Herausforderung, weil die Reaktion auf Veränderungen mehrdeutig ist. Sie kann neue Einsichten schenken, kann neue Perspektiven erschließen und daher dem Menschen ein neues Bewußtsein der Wahlmöglichkeit vermitteln. Anders ausgedrückt: Entwicklung kann zum Rahmen der Erlösung werden, die zur Auferstehung führt. Veränderung kann aber auch einen verwirrten einzelnen in eine abwehrende Egozentrik treiben, in Abhängigkeit und Aggression; sie kann zu der Qual einer gelebten Zerstörung des Lebens führen – geradewegs in die Hölle.

Weder Tüchtigkeit noch Komfort noch Wohlstand sind Maßstäbe für die Qualität des Wandels. Nur die Reaktion des Menschenherzens auf den Wandel weist auf den objektiven Wert dieses Wandels hin. Alle anderen Bewertungen des Wandels, welche die Antwort des menschlichen Herzens außer acht lassen, sind entweder böse oder naiv. Entwicklung wird nicht nach einer Regel, sondern nach einem Erlebnis beurteilt. Und dieses Erlebnis wird nicht durch das Studium von Tabellen verfügbar, sondern durch die Feier gemeinsamer Erfahrung: Dialog, Streitgespräch, Spiel und Poesie – kurzum, Selbstverwirklichung in schöpferischer Muße.

Die Kirche lehrt uns, die transzendentale Bedeutung dieser Erfahrung des Lebens zu entdecken. Sie lehrt uns bei der liturgischen Feier

die Gegenwart Christi in der wachsenden gegenseitigen Bezogenheit zu erkennen, die sich aus dem komplexen Charakter und der Spezialisierung der Entwicklung ergibt. Und sie offenbart uns die persönliche Verantwortung für unsere Sünden: unsere wachsende Abhängigkeit und Einsamkeit und das heftige Verlangen, das aus unserer Selbstentfremdung in Dingen, Systemen und Helden folgt. Sie fordert uns zu tiefer Armut heraus und nicht zu Sicherheit durch Leistung; zur Personalisierung der Liebe (Keuschheit) und nicht zur Entpersonalisierung durch Götzendienst; zum Glauben an den andern und nicht zum Prophetismus.
Die Kirche lenkt also den Wandel nicht, noch lehrt sie, wie darauf zu reagieren ist. Sie erschließt eine neue Dimension besonderen Glaubens an das ökumenische Erlebnis eines transzendenten Humanismus. Alle Menschen erleben das Leben — der Christ glaubt, daß er seinen Sinn entdeckt hat.
Was die Kirche durch Verkündigung beiträgt, gleicht dem Lachen beim Witz. Zwei hören dieselbe Geschichte, aber nur der eine erfaßt die Pointe. Das ist wie der Rhythmus in einem Satz, den nur der Dichter wahrnimmt.
Die neue Ära ständiger Entwicklung muß nicht nur genossen, sie muß herbeigeführt werden. Was ist die Aufgabe der Kirche beim Austragen der neuen Welt?
Die Kirche kann, indem sie ihr Kommen feiert, die Zeit beschleunigen, doch ist es nicht die Aufgabe der Kirche, auf ihre Gestalt Einfluß zu nehmen. Dieser Versuchung muß sie widerstehen. Sonst kann sie nicht die wunderbare Überraschung des Kommens, des Advents feiern.
Die Zukunft ist schon in die Gegenwart eingebrochen. Jeder von uns lebt in vielen Zeiten. Die Gegenwart des einen ist die Vergangenheit eines andern und die Zukunft wieder eines andern. Wir sind aufgerufen zu leben in dem Bewußtsein, daß die Zukunft vorhanden ist und daß sie mitgeteilt wird, wenn sie gefeiert wird. Der Wandel, der herbeigeführt werden muß, kann nur gelebt werden. Wir können unsern Weg zur Menschlichkeit nicht planen. Jeder von uns und jede Gruppe, in der wir leben und arbeiten, muß zum Modell des Zeitalters werden, das wir zu schaffen wünschen. Die vielen Modelle, die dabei entstehen, müßten jedem von uns eine Umwelt bescheren, in der wir unsere schöpferische Antwort auf den Wandel mit andern feiern können, die unser bedürfen.
Die Kirche möge mutig sein, uns in die Feier hineinzuführen, indem sie deren Tiefe hervorhebt. Die Kirche möge den Geist Gottes

wahrnehmen, wo immer charismatische Gaben die Zukunft gegenwärtig machen und damit ein Modell des Lebens schaffen.

Die Kirche möge *mater et magistra* dieses Spiels sein — seine Schönheit betonen; sie möge uns lehren, den Wandel zu leben, weil er froh macht und bereichert, und ihn nicht nur hervorbringen, weil er nützlich ist.

Bewußtheit des Wandels steigert das Gefühl persönlicher Verantwortung dafür, daß dessen Erträge ausgeteilt werden. Bewußtheit des Wandels bewirkt also nicht nur einen Aufruf zur Feier, sondern auch einen Aufruf zur Arbeit; zur Beseitigung von Hindernissen, die es andern unmöglich machen, sich von Plackerei und Illusionen zu befreien.

Gesellschaftlicher Wandel schließt immer einen Wandel der gesellschaftlichen Struktur ein, einen Wandel anerkannter Werte und schließlich einen Wandel des Gesellschaftscharakters. Diese drei Faktoren engen Erfindungsgabe und Schöpferkraft ein, und gegen diese Einengung zu kämpfen, wird zur Verantwortung derer, die sie als Fessel erlebt haben. Daher gehört zum gesellschaftlichen Wandel eine dreifache Reaktion:

1. Die Erneuerung der Gesellschaftsstruktur, die als Unterminierung oder Revolution empfunden wird.
2. Der Versuch, Illusionen der Öffentlichkeit zu überwinden, welche Strukturen rechtfertigen; dazu gehört die Verspottung von Ideologien, und es wird empfunden als Gottlosigkeit oder als Erziehung.
3. Das Auftauchen eines neuen „gesellschaftlichen Typus", was viele als äußerste Verwirrung empfinden.

Die Kirche hat von jeher ständig an der Gestaltung gesellschaftlichen Wandels teilgenommen: entweder als bewahrende Kraft oder als Kraft gesellschaftlichen Fortschritts. Sie hat Regierungen gesegnet und verdammt. Sie hat Systeme gerechtfertigt und für heillos erklärt. Sie hat Sparsamkeit und bürgerliche Tugenden empfohlen und verurteilt.

Wir meinen, daß jetzt der Augenblick gekommen ist, da sich die Kirche aus speziellen gesellschaftlichen Initiativen zurückziehen sollte — die im Namen der Kirchenstruktur ergriffen werden. Folgen wir dem Beispiel des Papstes; haben wir doch den Mut, den Männern der Kirche Erklärungen zu gestatten, die so taggebunden sind, daß niemand sie als Lehre der Kirche ausgeben kann.

Dieser Rückzug ist sehr schmerzlich. Das kommt eben daher, daß die Kirche noch soviel Macht besitzt, die so oft mißbraucht worden ist.

Einige meinen nun, daß diese Macht – nachdem sie einmal vorhanden sei – eingesetzt werden sollte, um Gutes zu tun.

Wenn die Kirche in Lateinamerika gegenwärtig die von ihr angesammelte Macht nicht für Grundschulerziehung, Gewerkschaftsarbeit, Förderung von Genossenschaften und politischen Einfluß einsetzt, so setzt sie sich der Kritik aus: von außen, daß sie ein Machtvakuum schaffe; und von innen, in dem Sinne der Aussage: „Wenn überhaupt jemand, so kann die Kirche den Besitz von Macht vertragen, weil sie selbstkritisch genug ist, auf deren Mißbrauch zu verzichten."

Benutzt aber die Kirche die Machtbasis, die sie – z.B. auf dem Gebiet der Erziehung – besitzt, dann bleibt sie für alle Zeit außerstande, für das zu zeugen, was spezifisch ihr Auftrag ist.

Die Erneuerung der Gesellschaft wird ein immer komplizierterer Vorgang. Immer häufiger und überlegter muß in erneuerndem Sinne gehandelt werden. Das erfordert Menschen, die Mut, Hingabe und die Bereitschaft besitzen, ihre Karriere zu opfern. Ich glaube, daß solche erneuernden Aktionen immer häufiger von Gruppen ausgehen werden, die nicht der Autorität des Evangeliums, sondern radikal humanen Idealen verpflichtet sind; sie sollten deshalb nicht von der Kirche ausgehen.

Der Humanist von heute bedarf nicht des Evangeliums als Norm. Der Christ möchte sich die Freiheit bewahren, durch das Evangelium eine Dimension wirklicher Überraschung zu entdecken, welche jenseits und oberhalb der humanen Begründung liegt, die das gesellschaftliche Handeln motiviert hat.

Die gesellschaftlichem Handeln verpflichtete Gruppe bedarf der Aktionsfreiheit – der Freiheit, sich bei der Wahl der Zielprioritäten der Taktiken und selbst der Strategie von Zweckmäßigkeit oder Opportunismus leiten zu lassen. Es könnten zwei gegnerische Gruppen dasselbe gesellschaftliche Ziel anstreben, von denen die eine als ihre Methode Gewalt, die andere Gewaltlosigkeit wählt.

Gesellschaftliches Handeln entzweit notwendigerweise taktische Opponenten. Organisiert es sich jedoch um tiefgründende, radikal humane und weltlich-religiöse Glaubenssätze, so wirkt es zugleich als starker Katalysator für neue Formen einer weltlichen Ökumene: der Ökumene des Handelns, das aus gemeinsamer radikaler Überzeugung entspringt.

Deshalb befreit gesellschaftliches Handeln, das sich um weltlich-religiöse (staatsbürgerlich-religiöse) Ideen organisiert, die Kirche aus dem uralten Dilemma: daß sie ihre Einheit in der Feier des Glaubens verliert zugunsten ihres *Dienstes* an umstrittener Wohltätigkeit.

Die christliche Antwort ist durch die Beschleunigung der Entwicklung stark beeinflußt worden: weil nämlich Wandel, Entwicklung und Wachstum die Regel und Dauer die Ausnahme geworden sind. Früher konnte der König auf dem Gegenpol zum Priester stehen, das Heilige zum Profanen, das Kirchliche zum Weltlichen, und wir konnten von der Wirkung sprechen, welche das eine auf das andere ausüben würde.

Wir stehen am Ende eines jahrhundertelangen Kampfes, der den Menschen von dem Zwang der Ideologie, Überzeugungen und Religionen als richtungsweisende Kräfte seines Lebens befreien soll. Ein thematisch ungebundenes Bewußtsein von der Bedeutung der Fleischwerdung tritt zutage: eine Fähigkeit, zum Erlebnis des Lebens ein großes Ja zu sagen.

Es zeigt sich eine neue Polarität: eine von Tag zu Tag gewonnene Einsicht in die Spannung zwischen der Manipulation von Dingen und dem Verhältnis zu Personen.

Wir werden instand gesetzt, die Autonomie des Lächerlichen gegenüber dem Nützlichen zu betonen, des Unbegründeten gegenüber dem Zielbewußten, des Spontanen gegenüber dem Durchdachten und Geplanten, des schöpferischen Ausdrucks, den erfinderische Lösungen ermöglichen.

Wir werden noch lange ideologischer Rationalisierung bedürfen, um zielbewußt geplante erfinderische Lösungen für gesellschaftliche Probleme zu erreichen. Diese Aufgabe mag ganz bewußt die weltliche Ideologie übernehmen.

Ich möchte meinen Glauben ohne jeden Zweck feiern.

# Das Verschwinden
# des Priesters

*Diesen Aufsatz habe ich 1959 geschrieben und auf Ersuchen eines Freundes 1967 in Chicago in „The Critic" veröffentlicht.*
*In der Struktur der katholischen Kirche müssen große Veränderungen stattfinden, wenn sie bestehen bleiben soll. Ich glaube, daß es zu solchen Veränderungen kommen wird und daß man sie jetzt in Übereinstimmung mit den Begriffen der am entschiedensten traditionellen Theologie ins Auge fassen kann. Trotzdem würden solche Veränderungen die Vorstellung von der katholischen Kirche, wie sie im Denken von Katholiken ebenso wie von Nichtkatholiken eingewurzelt ist, gründlich erschüttern.*
*Man hätte über diese Veränderungen in abstrakten Begriffen reden können. Ich ziehe es vor, meine Hauptthese dadurch anschaulich zu machen, daß ich darlege, was meiner Meinung nach aus dem Priester wird, aus seinem Status, seiner Rolle, seinem Selbstverständnis und seiner beruflichen Stellung. Ich wollte schlicht und einfach eine Frage stellen. Ich hatte aber auch noch andere Gründe, um meine Meinung durch ein konkretes Beispiel darzutun.*
*Einmal wollte ich nichts sagen, was theologisch neu, kühn oder strittig ist. Nur eine Darlegung der gesellschaftlichen Folgen würde eine so orthodoxe These wie die meinige genügend kontrovers machen, damit sie von der ganzen überwiegend konservativen Mehrheit der Kirche erörtert wird.*
*Ein zweiter Grund für meine Entscheidung, mich auf den Klerus zu konzentrieren, war der Versuch, die Erörterung für die „katholische Linke" bedeutsam zu machen. Um die Mitte der sechziger Jahre gab es in diesen Kreisen eine Fülle von Vorschlägen für die Reform des katholischen Priestertums. Die meisten dieser Vorschläge schienen mir weder revolutionär genug, um lohnend zu sein (verheirateter Klerus, Teilnahme von Priestern an gesellschaftlichen Aktionen oder an Revolutionen), noch schienen sie mir genügend an grundlegenden traditionellen Positionen festzuhalten – die ich nicht in Frage gestellt sehen möchte.*

Die römische Kirche ist die größte nichtstaatliche Bürokratie der Welt. Sie hat 1,8 Millionen hauptberuflich Beschäftigte — Priester, Ordensbrüder — und Schwestern und Laien. Diese Beschäftigten arbeiten in einer Körperschaft, welche ein amerikanisches Firmenberatungsunternehmen als eine der leistungsfähigsten Organisationen der Welt bezeichnet hat. Als Institution funktioniert die Kirche ebensogut wie General Motors und die Chase Manhattan Bank. Die Anerkennung dieser Tatsache löst manchmal Stolz aus. In den Augen mancher jedoch scheint gerade diese Reibungslosigkeit des Ablaufs die Kirche zu diskreditieren. Die Menschen haben den Verdacht, sie habe ihre Bedeutung für das Evangelium und für die Welt verloren. Unter ihren Leitern, Funktionären und Beschäftigten herrschen Zaudern, Zweifel und Verwirrung. Der Riese beginnt zu schwanken, ehe er zusammenbricht.

Ein Teil des kirchlichen Personals reagiert auf den Zusammenbruch mit Schmerz, Kummer und Angst. Andere unternehmen heldenhafte Anstrengungen und bringen tragische Opfer, um ihn zu verhindern. Wieder andere deuten die Erscheinung mit Bedauern oder Freude als ein Anzeichen, daß die römische Kirche als solche verschwinden werde. Ich möchte sagen, daß wir das Verschwinden der institutionellen Bürokratie voll tiefer Freude begrüßen. In diesem Aufsatz werde ich einiges von dem schildern, was in der Kirche vorgeht, und werde einige Vorschläge machen, wie die Kirche für einen Teil ihrer Strukturen einen radikalen Umbau anstreben könnte. Ich empfehle keine wesentlichen Veränderungen der Kirche; erst recht schlage ich nicht vor, sie aufzulösen. Verschwände ihre sichtbare Struktur vollständig, so widerspräche das gesellschaftlichem Gesetz und göttlichem Auftrag. Soll aber die Kirche dem Ruf Gottes und dem heutigen Menschen Antwort geben, so erfordert ihre Veränderung viel mehr als nur drastische Ausbesserungsarbeiten oder Anpassung an die Zeit. Ich werde einige mögliche Änderungen schildern, die fest in den Ursprüngen der Kirche verwurzelt sind und kühn zu den Notwendigkeiten der Gesellschaft von morgen vorstoßen. Akzeptiert die Kirche eine solche Reform, so erfordert das, daß sie in Christi evangelischer Armut lebt. Zugleich wird die Kirche, die ein Gespür hat für die fortschreitende Sozialisierung der Welt, diese Erscheinung mit tiefem Respekt betrachten und freudig akzeptieren müssen.

Die institutionelle Kirche hat Schwierigkeiten. Gerade diejenigen Personen, auf deren Ergebenheit und Gehorsam ihre Leistungsfähigkeit beruht, verlassen sie in wachsender Zahl. Bis in die frühen sechziger Jahre kam es verhältnismäßig selten zum „Abfall". Heute ist er an der Tagesordnung, morgen könnte er die Regel sein. Nach einem persönlichen Drama, das sich in der Geborgenheit des Gewissens abspielt, werden immer mehr kirchliche Mitarbeiter beschließen, die gefühlsmäßige, geistliche und finanzielle Sicherheit preiszugeben, die ihnen das System wohlwollend gewährt hat. Ich habe den Verdacht, daß solche Personen noch in dieser Generation die Mehrheit des kirchlichen Personals ausmachen werden.

Das Problem ist nicht der „Geist" der Welt, auch nicht ein Mangel an Großzügigkeit bei den „Abfallenden", sondern vielmehr die *Struktur selber*. Das kann man fast als apriorische Folgerung ansehen, da die heutigen Strukturen sich als Antwort auf frühere Situationen entwickelt haben, die sich von der heutigen Lage gründlich unterscheiden. Außerdem beschleunigt unsere Welt ständig den raschen Wandel gesellschaftlicher Strukturen, innerhalb derer die Kirche ihre eigentlichen Aufgaben wahrnehmen muß. Um diese Situation klarer zu sehen, werde ich meine Aufmerksamkeit auf Wesen und Aufgabe des geistlichen Amtes richten, diesem komplizierten Kanal, durch den die Kirche mit der Welt in Berührung kommt. Dergestalt können wir Einblick gewinnen in die Kirche von morgen.

Es ist offenkundig, daß die grundlegenden und anerkannten Vorstellungen vom geistlichen Amt in der Kirche unzulänglich sind. In quantitativer Hinsicht benötigt die Kirche z.B. nicht die gegenwärtige Zahl von hauptberuflich Tätigen, die in ihrer Verwaltung arbeiten. Wichtiger noch ist, daß die heutige Lage ein gründliches Überdenken der Faktoren erfordert, welche die gängige Vorstellung vom Priester als dem eigentlichen Vertreter der Kirche in der Welt ausmachen — eine Vorstellung, die in den Konzilsdekreten noch beibehalten wird. Einer Überprüfung bedarf insbesondere das Verhältnis zwischen sakramentalem Amt und hauptberuflich Tätigen, zwischen Amt und Zölibat und zwischen Amt und theologischer Ausbildung.

Heute nimmt man an, daß alle oder fast alle geistlichen Verrichtungen der Kirche von hauptberuflichen, unterbezahlten Mitarbeitern ausgeübt werden müssen, die irgendeine theologische Ausbildung besitzen und das kirchliche Gebot des Zölibats akzeptieren. Um mit der Suche nach neuen Richtlinien zu beginnen, die evangelischer und soziologisch belangvoller sind, werde ich nacheinander vier verschiedene Seiten dieses Problems erörtern: die radikale Einschränkung der Zahl von Personen, die für ihren Lebensunterhalt von der Kirche abhängig sind; die Weihe von Männern zum sakramentalen Amt, die unabhängig davon im weltlichen Bereich tätig sind; den besonderen und einzigartigen Verzicht, der im Zölibat beschlossen liegt; das Verhältnis von sakramentalem Amt und theologischer Ausbildung.


*1. Der Klerus: Mehr gewünscht, weniger benötigt*

Das kirchliche Personal genießt bemerkenswerte Vorrechte. Jedem Teenager, der sich um Anstellung im Klerus bemüht, wird beinahe automatisch ein Status garantiert, welcher eine Vielzahl von persönlichen und gesellschaftlichen Vorteilen gewährt, die durchweg nicht aufgrund von Tüchtigkeit oder Leistung, sondern infolge fortschreitenden Alters eintreten. Seine Rechte auf gesellschaftliche und wirtschaftliche Sicherheit gehen weiter als Pläne für ein Mindesteinkommen.
Kirchliche Angestellte wohnen in komfortablen kircheneigenen Häusern, können auf bevorzugte Behandlung beim kircheneigenen Gesundheitsdienst rechnen, werden größtenteils in kirchlichen Erziehungsstätten ausgebildet und werden in geweihtem Boden begraben; danach wird für sie gebetet. Kleidung und Kragen, nicht produktive Tüchtigkeit, sichern einem Status und Lebensunterhalt, und der Arbeitsmarkt, der mannigfaltiger ist als bei irgendeiner vorhandenen Organisation, sorgt für den Beschäftigten und diskriminiert zuungunsten der Laien, die dessen rituelle Weihen nicht besitzen. Laien, die innerhalb der Kirche arbeiten, werden zwar einige „Bürgerrechte" zuerkannt, aber ihre Karriere hängt hauptsächlich davon ab, ob sie Onkel Toms Rolle spielen können.
Unlängst ist die römische Kirche dem Beispiel einiger protestantischer Kirchen gefolgt, die einen größeren Teil ihrer Mitarbeiter aus der Arbeit in der Pfarrei in die Verwaltung abgezogen haben. Gleichzeitig verschleiern die herkömmliche Forderung nach mehr Personal im Bereich der Pfarrgemeinde und die ebenfalls fortschreitende Aufblähung des bürokratischen Apparates die Tatsache, daß beide Seiten der kirchlichen Struktur immer belangloser werden. Das Explodieren der Organisation führt zu einer fieberhaften Suche nach mehr Personal und Geld. Man drängt uns, Gott zu bitten, er möge in den Beamtenapparat mehr Mitarbeiter schicken und die Gläubigen dazu veranlassen, die Kosten zu tragen. Ich für meine Person kann Gott nicht um solche „Wohltaten" bitten. Die immanent angelegte automatische Vermehrung kirchlichen Personals funktioniert recht gut ohne zusätzliche Hilfe und dient nur dazu, eine personalmäßig ohnehin übersetzte Kirche noch priesterbesessener zu machen,

wodurch der Auftrag der Kirche in der Welt von heute behindert wird.

Die beste Illustration dieses schwierigen Problems liefert der Vatikan selber. Die seit dem Konzil wachsende Verwaltung ersetzt und verdrängt den alten Apparat. Seit dem Ende des Konzils sind die altehrwürdigen zwölf Kurienkongregationen durch zahlreiche postkonziliare Organe vermehrt worden, die miteinander verflochten sind und sich gegenseitig überschneiden: Kommissionen, Räte, beratende Körperschaften, Ausschüsse, Versammlungen und Synoden. Dieser bürokratische Irrgarten ist nicht mehr zu regieren. Nun gut. Das wird uns vielleicht die Einsicht erleichtern, daß die Grundsätze körperschaftlicher Regierung auf den Leib Christi nicht anwendbar sind. Seinen Stellvertreter als obersten Beamten einer Körperschaft zu sehen, ist noch weniger angebracht, als ihn als byzantinischen König zu sehen. Klerikale Technokratie steht dem Evangelium noch ferner als priesterliche Aristokratie. Und vielleicht werden wir einsehen, daß Leistungsfähigkeit das christliche Zeugnis noch raffinierter verdirbt als Macht.

Zu einer Zeit, da sogar das Pentagon sein Personal dadurch zu verringern sucht, daß es bestimmte industrielle und Forschungsaufträge auf dem offenen Markt vergibt, beginnt der Vatikan eine Kampagne für autarke Institutionen in größerer Zahl und Mannigfaltigkeit. Die zentrale Verwaltung dieser kopflastigen Riesenorganisation geht aus den Händen der mit italienischen Karrierepriestern besetzten „ehrwürdigen Kongregationen" auf klerikale Spezialisten über, die aus aller Welt zusammengeholt werden. Die päpstliche Kurie des Mittelalters wird zum Planungs- und Verwaltungszentrum einer modernen Organisation.

Eine der paradoxen Seiten der heutigen Struktur zeigt sich daran, daß der Organisationspriester zugleich ein Mitglied der Aristokratie der einzigen in der westlichen Welt noch vorhandenen Feudalmacht ist — einer Macht, deren souveräner Status in den Lateranverträgen anerkannt worden ist. Ferner benutzt eben diese Macht einen diplomatischen Apparat — der ursprünglich aufgebaut wurde, um die Interessen der Kirche gegenüber andern souveränen Staaten zu vertreten —, um ihre Dienste den im Aufbau befindlichen internationalen Behörden anzubieten, also der Ernährungs- und Landwirtschaftsorganisation (FAO), UNICEF, UNESCO und auch den Vereinten Nationen selber. Diese Entwicklung erfordert immer mehr Mitarbeiter für eine breite Skala von Aufgaben und verlangt von den Bewerbern eine immer stärker spezialisierte Ausbildung. Die an die absolute Beherrschung ihrer Angestellten gewöhnte Hierarchie bemüht sich, diese Stellungen mit hauseigenen Klerikern zu besetzen. Aber die große Kampagne für intensivere Anwerbung stößt diametral auf eine starke Gegenströmung: alljährlich scheidet fast ebensoviel Personal aus, wie angeworben wird. Daher erleben wir, daß man notgedrungen bereit ist, mit gefügigen und gehorsamen Laien die Lücken auszufüllen.

Manche Leute erklären wohl den „Abfall" von Priestern als die Ausscheidung unerwünschter Elemente. Andere geben den vielen heute vorhandenen Verlockungen der Welt die Schuld. Instinktiv bemüht sich die Institution darum, diesen Verlust und die damit verbundene Berufungskrise mit Formeln zu erklären, die für sie selber schmeichelhaft sind. Außerdem bedarf man nachdrücklicher Rechtfertigung für die begeisterten, gefühlsbetonten Kampagnen für mehr „Berufungen". Wenige nur möchten zugeben, daß der Zusammenbruch eines überdehnten und unverhältnismäßig klerikalen Gerüsts ein klarer Beweis für dessen Belanglosigkeit ist. Noch weniger Menschen begreifen, daß die evangelische Statur und Glaubwürdigkeit des Papstes um soviel zunehmen würden, wie seine Macht, gesellschaftliche Fragen in der Welt zu beeinflussen, und seine administrative Befehlsgewalt abnehmen.

Veränderungen an der Peripherie der Kirche halten sich genauso getreulich an „Parkinsons Gesetz" wie die Veränderungen in Rom: die Arbeit wächst mit dem verfügbaren Personal. Seit dem Ende des Konzils haben Versuche zu kollegialer Dezentralisierung zu einem wilden, unkontrollierten Anwachsen der Bürokratie bis an die oberste Grenze geführt. Lateinamerika liefert ein groteskes Beispiel. Vor einem Menschenalter reisten lateinamerikanische Bischöfe etwa alle zehn Jahre nach Rom, um dem Papst zu berichten. Ihre einzigen sonstigen Kontakte mit Rom waren die formellen Gesuche um Ablaß oder Dispens, die über den Nuntius geleitet wurden, und hin und wieder ein von der Kurie entsandter Visitator. Heute koordiniert eine umfangreiche Kommission für Lateinamerika (CAL) Unterkommissionen aus europäischen und nordamerikanischen Bischöfen als Gegengewicht zur lateinamerikanischen Bischofsversammlung. Diese organisiert sich in einem Kollegium (CELAM) und zahlreichen Ausschüssen, Sekretariaten, Instituten und Delegationen. CELAM selber ist die Krönung von sechzehn nationalen Bischofskonferenzen, von denen manche eine noch kompliziertere bürokratische Organisation aufweisen. Zweck der ganzen Konstruktion ist, gelegentliche Beratungen unter den Bischöfen zu erleichtern, damit sie nach der

Rückkehr in ihre Diözesen unabhängiger und einfallsreicher handeln können. Die wirklichen Ergebnisse sehen anders aus. Die Bischöfe entwickeln die bürokratische Einstellung, derer sie bedürfen, um mit dem karussellartigen Charakter der immer häufigeren Zusammenkünfte Schritt halten zu können. Die neugeschaffenen Organe ziehen ausgebildetes einheimisches Personal scharenweise in ihre klerikale Verwaltung und Planungsbehörden. Eine beengende und phantasielose zentrale Kontrolle tritt an die Stelle von schöpferischer, unbefangener Haltung in den einzelnen Kirchen.

In der gesamten Kirche hält sich der Klerus teilweise nur deshalb, weil der priesterliche Dienst am Altar mit klerikaler Macht und Privilegien verbunden ist. Diese Verbindung hält die vorhandenen Strukturen aufrecht. Priester in kirchlichen Diensten sorgen dafür, daß für Posten in den Organisationen Nachschub vorhanden ist. Priester gewährleisten, daß ständig Überfluß an karrierebewußten Männern der Kirche herrscht. Würden selbständige Laien für sakramentale Aufgaben geweiht, so würde das schließlich die Bürokratie zerstören. Aber Männer, deren Mentalität und Sicherheit von dem System geprägt und erhalten worden sind, fürchten instinktiv die Weihe von Personen, die an weltlichen Arbeitsplätzen bleiben. Von einer Entklerikalisierung fühlen sich der Diözesenkanzler, der Caritasdirektor und der Pfarrer ebenso bedroht wie der Präsident der katholischen Universität, die Lieferanten von kirchlichen Geräten und politische Führer wie Saul Alinsky. Sie alle sind von Macht und Ansehen des Klerus abhängig oder werden von ihm gefördert. Trotzdem könnte die Weihe von Männern, die weltliche Anstellungen haben, einer der großen Fortschritte in der Kirche sein.

Heute beginnen einige Kleriker einzusehen, daß sie in einer skandalösen und unnötigen Sicherheit ersticken, die mit einengenden, unerträglichen Kontrollen verbunden ist. Einem theologisch gut ausgebildeten Priester gewährt man Anstellung auf Lebenszeit, aber vielleicht als Buchhalter und nicht als Theologe, falls man ihn nämlich bei der Lektüre „verdächtiger" ausländischer Schriftsteller ertappt hat. Umgekehrt schickt ein lateinamerikanischer Bischof vielleicht einen Priester zu soziologischen Studien nach Europa und beschließt dann, eine Forschungsabteilung in seiner Diözese zu errichten, um das neugewonnene Talent beschäftigen zu können.

Manche Priester sind mit ihrer Arbeit unzufrieden, weil ihnen entweder die Freiheit, Tüchtiges zu leisten, beschnitten wird oder weil sie das Gefühl haben, für die ihnen zugewiesene Aufgabe nicht vorbereitet zu sein. Im ersten Fall wird als Heilmittel eine bessere

Abgrenzung der Aufgabe empfohlen, im zweiten Fall eine bessere Ausbildung für den Inhaber des Postens. Beide Lösungen sind nur abwegige Notbehelfe. Man muß vielmehr fragen: Sollte nicht diese Arbeit der kirchlichen Aufsicht entzogen werden und sollte der Kleriker nicht entweder entlassen oder aufgefordert werden, sich unter weltlicher Aufsicht und weltlichen Bedingungen zu bewerben? Bleiben wir bei dem jetzigen System, so bleibt uns auch unser Problem erhalten: der unzufriedene Kleriker.

Deshalb werden die nächsten fünf Jahre eine Vielzahl von Programmen für die Weiterbildung des Klerus bringen. Das antiquierte Produkt von Noviziat und Seminar benötigt verschiedene Fähigkeiten und Einstellungen, um in die „neue" Kirche hineinzupassen – in die wachsende Vielzahl von speziellen Kommissionen, Büros und Sekretariaten. Es wird aber schwierig sein, diese Programme abzusetzen. Schon fangen die Männer selber an zu sagen: Vielleicht brauche ich eine Ausbildung, um in die außerkirchliche Welt überzuwechseln, um mich wie andere Menschen in der Gesellschaft zu ernähren, um als Erwachsener in der Welt zu handeln.

Diözesen und Ordenskongregationen ziehen in wachsendem Maße Beratungsfirmen zu, deren Erfolgsmaßstäbe von der *American Management Association* stammen und die davon ausgehen, daß die derzeitige Struktur erhalten bleiben müsse. Die daraus folgende innerdienstliche Ausbildung des Klerus ist wesentlich repressiv, von ideologischen Vorurteilen bestimmt und darauf gerichtet, das Wachstum der Kirche wirksam zu fördern. Die gegenwärtige kirchliche Ausbildung verstärkt die Fähigkeit des Menschen, einen komplizierten Apparat zu bedienen. Eine Freizeit dient nur dazu, die *persönliche* Bindung an die Struktur zu verstärken. Benötigt wird eine *erwachsene* Bildungsvorstellung, welche die Menschen dazu veranlassen würde, die richtigen Fragen zu stellen. Wurzelt diese Struktur in Routine oder in Offenbarung? Soll ich, ein Mensch, der völlig im Dienst der Kirche steht, innerhalb der Struktur bleiben, um diese zu untergraben, oder soll ich sie verlassen, um das zukünftige Modell zu *leben*? Die Kirche braucht Menschen, die ein solches waches, kritisches Bewußtsein anstreben – Menschen, die der Kirche treu ergeben sind und ein Leben voll Unsicherheit und Risiko leben, ein Leben frei von Kontrolle durch die Hierarchie, und für ein späteres „dis-establishment" der Kirche von innen her arbeiten. Die ganz wenigen Gruppen dieser Art, die es heute gibt, werden von der klerikalen Mentalität als treulos und gefährlich gebrandmarkt.

Ein gutes Beispiel für solche subversive Erziehung liefert das *Sister*

*Formation Movement* in den Vereinigten Staaten. Diese Bewegung spielt eine wichtige Rolle bei der Säkularisierung der amerikanischen Kirche von innen her. Mitte der fünfziger Jahre gründete eine Gruppe von Ordensschwestern eine Lobby, die auf eine fortschrittliche Berufsausbildung für Nonnen drängen sollte. Als das erreicht war und die Brüder und Schwestern mit Doktortiteln in ihre Orden zurückkehrten, waren sie in der Lage, sich allenthalben um Posten mit akademischer Vorbildung zu bewerben. Sie brauchten sich nicht mehr auf die Vorzugsbehandlung zu verlassen, die von jeher in kirchlichen Institutionen Ordensangehörigen unbeschadet ihrer Begabung oder beruflichen Ausbildung gewährt wird.

Vielen dieser ausgebildeten Menschen wird bewußt, welche lächerlichen Beschränkungen ihnen und ihren Institutionen durch klerikale Einstellung und kirchliche Kontrollen auferlegt werden. Manche sahen sich vor die Notwendigkeit gestellt, ihre Konvente zu verlassen, um eine sinn- und belangvolle Laufbahn einzuschlagen. Andere arbeiteten lieber dafür, ihre Institutionen von einer repressiven und destruktiven kirchlichen Kontrolle zu befreien. Die ersten nannte man Deserteure, die andern subversiv. Schließlich aber fingen Orden an, ihren Mitgliedern zu gestatten, daß sie sich nach eigener Wahl vorübergehend oder für Dauer Anstellungen auf dem offenen Markt suchten, aber weiter der Ordensgemeinschaft angehörten. Das wird dazu führen, daß die Menschen sich selber ihre Gefährten, ihren Wohnsitz und die Form ihres Gemeinschaftslebens aussuchen.

Neuerdings begreifen viele Oberinnen von weiblichen Orden die Zeichen der Zeit. Sie erkennen plötzlich, daß das Zeitalter der Orden vorüber sein könnte. Die Bischöfe haben noch nicht gemerkt, daß im Klerus eine ähnliche Bewegung im Gange ist. Diese Bewegung ist jedoch schwächer und weniger subtil, weil der amerikanische Klerus im Rückstand ist. Seine Angehörigen sind seit Generationen durch bürgerlichen Komfort und Sicherheitsgefühl dahin gebracht worden, sich zu fügen, ohne Fragen zu stellen.

Heute glauben manche Priester, sie könnten bessere Pfarrer sein, wenn sie in weltlichen Berufen arbeiteten, die echte soziale und wirtschaftliche Verantwortung mit sich bringen. So z.B. ficht ein Priester-Künstler das Recht des Bischofs an, ihn als Schreiber zu beschäftigen oder ihn zu suspendieren, wenn er sich eine richtige Arbeit in Greenwich Village sucht. Diese Tendenzen haben im Klerus eine zwiefache Wirkung. Wer es ernst nimmt, wird dazu veranlaßt, auf seine klerikalen Privilegien zu verzichten, und riskiert damit seine Suspendierung, während der Mittelmäßige dazu bewogen wird, nach mehr beiläufigen Vorteilen und weniger Vollverantwortung zu verlangen, womit er sich in seiner klerikalen Behaglichkeit nur noch tiefer einnistet.

Manche stellen sich, wenn sie innerhalb der Bürokratie auf die evangelischen und sozialen Widersprüche stoßen, mutig den möglichen Alternativen. Ich kenne viele, die gern hauptberuflich an Kampagnen gegen die Armut teilnehmen oder beim Aufbau von Gemeinwesen, als Lehrer, Forscher oder in freien Berufen arbeiten möchten. Sie möchten ihr Brot verdienen und als zölibatäre Laien leben, wobei sie im Dienst an den Gläubigen und unter Aufsicht des Bischofs ihre geistlichen Funktionen als Teilzeitarbeit wahrnehmen möchten. Sie fragen, ob das System genug Gespür für die wirkliche Gesellschaft hat, um zu einer neuen Form von radikaler persönlicher Entklerikalisierung zu gelangen, mit der weder die Suspendierung von den Weihen noch die Freistellung vom Zölibat verbunden wären. Natürlich bedroht eine solche radikale Säkularisierung das bestehende System von Pfarrgemeinden. Es würde die Phantasiebegabten und Großzügigen dazu ermutigen, auf eigene Faust auszuziehen und damit die überholte klerikale Struktur denen zu überlassen, die nach Sicherheit und Routine streben. Es würde gleichermaßen bürokratische Bischöfe und aufsässige DuBays erschrecken. Die Bischöfe möchten mehr Kleriker, lehnen aber jede Forderung nach Privilegien für die Mitarbeiter ab, vor allem die Vorstellung von gemeinsamer Machtausübung. Die Einstellung der Bischöfe und der DuBays hat notwendigerweise die Förderung des klerikalen Systems zur Folge. Menschen in der weltlichen Gesellschaft entdecken in diesem System manchmal echte Heuchelei. Gruppen, die zwecks sozialen Protests und revolutionärer Aktionen gegründet wurden, finden den Klerus verdächtig. Werden sie tätig, so setzen sie bereitwillig ihre Karriere aufs Spiel für eine Sache, zu der ihr Gewissen sie zwingt. Der Priester oder die Nonnen, die plötzlich merken, daß es eine wirkliche Welt gibt, und sich verspätet solchen Aktionen anschließen, riskieren höchstens einen sanften Tadel. Gewöhnlich ist ein aufgeklärter Ordensoberer mit seinem „mutigen" Untergebenen ganz zufrieden und glücklich. Es ist viel billiger, ein paar naive Protestler zu dulden, als sich dem erschreckenden Preis eines institutionellen christlichen Zeugnisses für die Gesellschaft zu stellen.

Um mit der Aufgabe, solches Zeugnis abzulegen, zu beginnen: Dürfen wir dafür beten, daß mehr Priester sich für „radikale" Säkularisierung entscheiden? Für Priester, welche die Kirche verlassen, um Pioniere der künftigen Kirche zu werden? Für Priester, die der Kirche in Treue und Liebe ergeben sind und es riskieren, mißverstanden und suspendiert zu werden? Für hoffnungsvolle Priester, die imstande sind, solche Aktionen zu unternehmen, ohne hart und verbittert zu werden? Für ungewöhnliche Priester, die bereit sind, heute das gewöhnliche Leben eines Priesters von morgen zu leben?

## 2. Die Gestalt des künftigen Amtes

Die Leitung der „normalen" christlichen Gemeinde der Zukunft wird ein erwachsener, zum Amt geweihter Laie übernehmen. Das Amt wird eher eine Freizeitbeschäftigung als ein Job sein. Die „Diakonie" wird als die grundlegende institutionelle Einheit in der Kirche die Pfarrgemeinde ablösen. Regelmäßige Zusammenkünfte von Freunden werden an die Stelle sonntäglicher Versammlung von Fremden treten. Eher als ein von der Kirche beschäftigter Schreiber oder Funktionär wird ein selbständiger Zahnarzt, ein Fabrikarbeiter oder Professor die Zusammenkünfte leiten. Der Geistliche wird ein Mann sein, dessen christliche Klugheit durch lebenslange Teilnahme an einer intimen Liturgie gereift ist, und kaum der Absolvent eines Seminars, der durch „theologische" Formeln beruflich geprägt worden ist. Die verantwortliche Führung fällt ihm eher durch Ehe und Kindererziehung zu als durch die Verpflichtung zum Zölibat als gesetzlicher Bedingung der Weihe.

Ich stelle mir eher die Begegnung von Familien um einen Tisch vor als die unpersönliche Anwesenheit einer Menge um den Altar. Eher wird die Meßfeier das Eßzimmer heiligen als geweihte Gebäude die Zeremonie. Das heißt nicht, daß *alle* Kirchen in Theater oder unverkäufliche Bauwerke umgewandelt werden. So glaubt z.B. der Bischof von Cuernavaca, die lateinamerikanische Tradition verlange das Vorhandensein einer Kathedrale gleichsam als steinernes Zeugnis, dessen Schönheit und Majestät die Herrlichkeit der christlichen Wahrheit verkörpert.

Die heutige Pastoralstruktur ist weitgehend durch ein Jahrtausend klerikalen und zölibatären Priestertums geprägt worden. Als das Konzil 1964 das Diakonat von Verheirateten billigte, tat es einen vielsagenden Schritt zur Änderung dieses Zustandes. Das Dekret ist jedoch zweischneidig, weil es zu einer Vermehrung zweitklassiger Kleriker führen könnte, ohne daß sich die derzeitige Struktur wesentlich ändert. Es kann aber auch dazu führen, daß erwachsene, selbständige Männer geweiht werden. Gefährlich wäre es, ein von der Kirche getragenes klerikales Diakonat zu entwickeln, wodurch die notwendige und unvermeidliche Säkularisierung des Amtes aufgeschoben würde.

Der „gewöhnliche" künftige Priester, der seinen Lebensunterhalt außerhalb der Kirche verdient, wird wöchentlich in seinem Haus eine Sitzung von einem Dutzend Diakonen leiten. Sie werden gemeinsam die Schrift lesen und dann die wöchentlichen Weisungen des Bischofs studieren und besprechen. Findet auch die Messe statt, so nimmt jeder Diakon nachher das Sakrament mit nach Hause und verwahrt es dort mit seiner Bibel und dem Kruzifix. Der Priester besucht seine verschiedenen „Diakonien" und leitet gelegentlich deren Messe. Manchmal versammeln sich mehrere Diakonien zur feierlichen Messe in einem gemieteten Saal oder in einer Kathedrale.

Befreit von ihren derzeitigen Verwaltungsaufgaben werden der Bischof und seine Priester hin und wieder Zeit für eine Konzelebration haben. Der Bischof kann nun seine wöchentliche Auswahl aus den Kirchenvätern und die Richtlinien für deren Erörterung vorbereiten und in Umlauf bringen. Er und seine Priester bereiten gemeinsam die Hausliturgie für die Diakonien vor. Diese Änderungen werden eine andere Einstellung zur wöchentlichen Meßpflicht und auch eine Neubewertung der rituellen Bußpraxis erfordern.

Das derzeitige kanonische Recht sieht die Weihe derer vor, deren lebenslange Versorgung von der Kirche garantiert wird, sowie derer, die von ihrem eigenen Vermögen leben können. Es erscheint anomal, wenn nicht gar widerwärtig, in der heutigen Gesellschaft die Weihe dergestalt auf wirtschaftliche Unabhängigkeit zu beschränken. Heute lebt ein Mensch davon, daß er in der Welt einen Beruf ausübt, nicht davon, daß er in einer Hierarchie eine Rolle spielt. Es widerspricht gewiß nicht der Absicht des kanonischen Rechts, berufliche Fähigkeiten oder selbstverdiente soziale Sicherheit als einen für die Weihe ausreichenden Nachweis der Unabhängigkeit anzusehen.

Das sakramentale Amt geweihter Laien wird uns ein völlig neues Verständnis der üblichen Gegenüberstellung von Pfarrer und Laie in der Kirche erschließen. Indem wir diese beiden Begriffe hinter uns lassen, werden wir ihren vorübergehenden Charakter deutlich erkennen. Das Konzil zog die Summe einer hundertjährigen geschichtlichen Entwicklung, als es den klerikalen Priester und den ungeweihten Laien in zwei verschiedenen Dokumenten zu definieren versuchte. Die Zukunft aber wird aus der scheinbaren Antithese eine neue Synthese schaffen, welche über die heutigen Kategorien hinausgeht.

Die kirchliche Phantasie reicht heute noch nicht aus, um diese neue Funktion zu definieren: den Laienpriester, den Sonntagspriester, den säkularisierten oder Teilzeitpriester, den geweihten Nichtkleriker. Er wird hauptsächlich der Diener an Sakrament und Wort sein, nicht der Hans-Dampf-in-allen-Gassen, der eine verwirrende Vielzahl von gesellschaftlichen und psychologischen Rollen oberflächlich zu spielen versucht. Mit seinem Auftauchen wird sich die Kirche endlich von dem einengenden Benefiziensystem befreien. Wichtiger noch ist, daß die Kirche dann auf die vielfältigen Dienstleistungen verzichtet, die aus dem Priester einen künstlichen Wurmfortsatz etablierter gesellschaftlicher Funktionen gemacht haben. Der geweihte Laie wird den katholischen Pfarrer als Seelsorger überflüssig machen.

Die Kirche erwacht neu in der Großstadt. Überkommene seelsorgerische Analogien werden im Rahmen des Großstadtlebens aus Asphalt, Stahl und Beton zu Anomalien. Stadtsanierung und neue Gemeinschaftserlebnisse werden es nötig machen, die alte Terminologie mit neuen Augen zu betrachten. Könige, Kronen und Zepter haben ihren Sinn verloren. Die Menschen sind nicht mehr die Untertanen von Fürsten, und sie fragen ungeduldig, wie sie Schafe sein können, die von Hirten gelenkt werden. Die gemeinschaftsbildende Funktion der Kirche bricht zusammen, wenn sie von Symbolen gestützt wird, deren Triebkraft in einer autoritären Struktur beschlossen liegt. Gebildete katholische Stadtbewohner bemühen nicht einen Pfarrer um autoritative Richtlinien für ihr Handeln in der Gemeinde. Sie wissen, daß soziales Handeln nach Beweggrund, Methode und Zielsetzung ökumenisch und weltlich ist. Der protestantische Pastor oder der säkularisierte Berufstätige besitzen vielleicht bessere Qualifikationen für die Führung.

Menschen mit Verständnis für Theologie erwarten keine moralische Anleitung mehr von einem Priester. Sie denken selber. Häufig haben sie den Priester an theologischer Bildung längst überholt. Eltern mit einer guten liberalen Erziehung werden immer skeptischer, wenn sie ihre Kinder dem klerikalen System „fachmännischer" Katechese anvertrauen sollen. Wenn Kinder für das Christentum gewonnen werden können, dann sorgen die Eltern dafür, daß sie für die Aufgabe gewonnen werden und genug Wissen und Glauben besitzen, um sie auszuführen.

Kein denkender Katholik sträubt sich gegen das Ritual, demzufolge ein Mann göttliche Vollmacht erhalten hat, eine Versammlung von Christen zu leiten oder einer Sakramentsfeier vorzustehen. Die Menschen beginnen jedoch, die Ansprüche eines Pfarrers abzulehnen, der aufgrund seiner Berufung oder Weihe so tut, als sei er kompetent, um mit *jedem* Problem seiner sehr verschiedenartigen Gemeinde fertigzuwerden, ob das nun die Pfarrei ist, die Diözese oder die Welt.

Die Umgestaltung des heutigen Lebens verleiht den Menschen Freiheit, die Berufung zu geistlichen Funktionen als Teilzeitarbeit anzunehmen. Mit der Einschränkung der Arbeitszeit, früherer Pensionierung und verbesserter Sozialversorgung wächst die Freizeit, die in einer pluralistischen, säkularisierten Gesellschaft für die Vorbereitung und Ausübung eines geistlichen Amtes zur Verfügung steht.

Natürlich lassen sich viele Einwände vorbringen. Der Laienpriester oder Diakon könnte den Wunsch haben, sich vom Amt zurückzuziehen, er könnte in der Öffentlichkeit sündigen, er oder seine Frau könnten zu Zwistigkeiten in der christlichen Gemeinde beitragen. Das derzeitige Kirchenrecht enthält *implicite* die Lösung: möge er von seinen Funktionen „suspendiert" werden. Die Suspendierung muß für den Mann und für die Gemeinde zu einer Möglichkeit werden und darf nicht einfach eine dem Bischof vorbehaltene Strafe sein. Der geweihte Amtsinhaber fühlt sich vielleicht berufen, in einer weltlichen Angelegenheit der Gesellschaft eine umstrittene Haltung einzunehmen, und könnte deshalb nicht mehr geeignet sein, als Symbol sakramentaler Einigkeit zu dienen. Er könnte sich von seinem Gewissen gedrängt fühlen, zu einem Zeichen des Widerspruchs zu werden – nicht nur *für* die Welt, sondern auch *in* der Welt. Dann soll er oder die Gemeinde ohne weiteres um Suspendierung nachsuchen. Die Gemeinde, die sein Charisma erkannt und ihn dem Bischof vorgeschlagen hatte, kann auch seine Gewissensfreiheit respektieren und ihm gestatten, demgemäß zu handeln.

## 3. Amt und Zölibat

Es fällt dem Menschen schwer zu trennen, was Gewohnheit oder Brauchtum zusammengefügt hat. Die Verbindung von geistlichem Status, Priesterweihe und Zölibat im Leben der Kirche hat das Verständnis der einzelnen daran beteiligten Wirklichkeiten verwirrt und uns daran gehindert, die Möglichkeit ihrer Trennung zu erkennen. Der Klerus hat auf seinem sozio-ökonomischen Status und seiner Macht bestanden und sein ausschließliches Recht auf das Priesteramt verteidigt. Wir stoßen nur selten auf *theologische*

Argumente gegen die Weihe von Laien, vielleicht mit Ausnahme der Unzulänglichkeit des Begriffes an sich. Nur katholische Kleriker, die heiraten möchten, und verheiratete protestantische Pastoren, die ihren Status als Kleriker zu verlieren fürchten, verteidigen die Ausdehnung der kirchlichen Sozialversorgung auf einen verheirateten Pfarrer.

Die Verbindung zwischen Zölibat und Priesterweihe wird jetzt schweren Angriffen ausgesetzt, obwohl sie durch autoritative Erklärungen verteidigt wird. Exegetische, seelsorgerliche und gesellschaftliche Argumente werden aufgeboten. Eine wachsende Zahl von Priestern lehnt nicht nur durch ihr Verhalten das Zölibat ab, sondern gibt ihn und das geistliche Amt auf. Es ist zweifellos ein schwieriges Problem, da hier zwei Glaubenswirklichkeiten zusammenprallen: das sakramentale Priesteramt und das persönliche Mysterium eines außerordentlichen Verzichts. Bei der schwierigen Analyse der wechselseitigen Beziehungen versagt unsere weltliche Sprache. Die Formulierung und Erörterung von drei verschiedenen Fragen kann uns vielleicht dazu verhelfen, daß wir die Unterschiede richtig sehen, und kann uns das Verständnis der Beziehungen, um die es geht, erleichtern. Die Entscheidung für den freiwilligen Zölibat, die Institution der Ordensgemeinschaften und die gesetzliche Anordnung des zölibatären Priestertums muß man jeweils für sich betrachten.

Zu allen Zeiten haben Männer und Frauen in der Kirche „um des Gottesreiches willen" freiwillig auf die Ehe verzichtet. In Übereinstimmung damit „erklären" sie ihre Entscheidung als die persönliche Verwirklichung einer inneren Berufung durch Gott. Dieses geheimnisvolle Erlebnis der Berufung muß man unterscheiden von der wechselnden Formulierung von Gründen, welche solche Entscheidung „rechtfertigen" sollen. Viele finden solche Argumente sinnlos. Dieser Schluß veranlaßt Menschen, ihre Verpflichtung zum Zölibat aufzugeben. Verteidiger des Zölibats interpretieren solches Verhalten häufiger als Beweis dafür, daß heute unter Katholiken ein kümmerlicher oder schwacher Glaube anzutreffen sei. Ganz im Gegenteil kann es ebensogut ein Beweis für die Läuterung ihres Glaubens sein. Die Menschen durchschauen jetzt die angeblichen – soziologischen, psychologischen und mythologischen – Motive des Zölibats und erkennen, wie belanglos sie für einen echten christlichen Verzicht sind. Der Verzicht auf die Ehe ist nicht wirtschaftlich nötig für den Dienst an den Armen, noch ist er eine rechtliche Bedingung für die Weihe zum Amt, noch ist er besonders zweckmäßig für das höhere

Studium. Personen, die aus solchen Beweggründen gehandelt haben, vermögen jetzt deren Wert und Bedeutung nicht mehr zu erkennen. Der Zölibat kann für seine Verteidigung nicht mehr auf die Zustimmung der Gesellschaft rechnen.

Psychologische Motive, die früher vorgebracht wurden, um den Vorzug sexueller Enthaltsamkeit zu rechtfertigen, sind heute kaum mehr annehmbar. Viele Zölibatäre erkennen jetzt, daß sie die Ehe ursprünglich abgelehnt hatten, weil sie abgestoßen wurden, Angst hatten, unvorbereitet waren oder einfach keinen Gefallen fanden. Jetzt entscheiden sie sich für die Ehe, weil sie entweder zu reiferem Verständnis ihrer selbst gelangt sind oder ihre ursprünglichen Gefühle widerlegen wollen. Sie sehen sich ihren Eltern gegenüber nicht mehr als Helden, weil sie „gläubig" sind, noch als Parias, weil sie „abfallen".

Religionsvergleiche lehren, daß es im Laufe der Geschichte viele „Gründe" für sexuellen Verzicht gegeben hat. Man kann sie auf asketische, magische und mystische Motive zurückführen. Häufig sind sie „religiös", haben aber kaum etwas mit dem christlichen Glauben zu tun. Der Asket verzichtet auf die Ehe, um Freiheit zum Beten zu haben; der Magiker, um durch sein Opfer ein chinesisches Baby zu „retten"; der Mystiker, um ausschließliches bräutliches Einvernehmen mit „dem All" zu suchen. Der heutige Mensch weiß, daß sexueller Verzicht das Gebet nicht inniger, die Liebe nicht glühender und die empfangene Gnade nicht reicher macht.

Der Christ, der heute um des Gottesreiches willen auf Ehe und Kinder verzichtet, sucht für seine Entscheidung keinen abstrakten oder konkreten *Grund*. Seine Entscheidung ist ein reines Wagnis des Glaubens, das Ergebnis einer innigen, geheimnisvollen Erfahrung seines Herzens. Er entscheidet sich dafür, *jetzt* die völlige Armut zu leben, die jeder Christ in der Todesstunde zu erleben hofft. Sein Leben *beweist* nicht Gottes Transzendenz; vielmehr gibt sein ganzes Leben dem Glauben daran Ausdruck. Seine Entscheidung, auf einen Partner zu verzichten, ist ebenso privat und unübertragbar wie die Entscheidung eines andern, *seinen* Partner allen andern vorzuziehen.

Die Kirche hat zwei Wege gefunden, um das evangelische Charisma zu kontrollieren: die soziale und rechtliche Organisation von Ordensgemeinschaften und das Ritual feierlicher Gelübde. Orden liefern eine Gemeinschaftsstruktur, innerhalb derer das Mitglied seine Taufverpflichtung zur Heiligung vertiefen und sich für die Personalreserve zur Verfügung stellen soll, über die sein Oberer gebietet. Dieser eigene Personalbestand ermöglicht es den Ordensgemeinschaften, wohltätige und geschäftliche Unternehmungen zu betreiben. Nun sieht es so aus, als würden diese Institutionen noch schneller verschwinden als die Strukturen in Pfarrgemeinde, Diözese und Kurie, da immer mehr Mitglieder ausscheiden, um ihrer Berufung auf dem offenen Arbeitsmarkt nachzugehen.

Christen, die im evangelischen Zölibat leben wollen, sehen weniger Gründe, aus denen sie sich den vorhandenen juristischen Gemeinschaften – selbst weltlichen Instituten – anschließen sollen; wohl aber lassen sie die Notwendigkeit gelten, sich zeitweilig oder auf Dauer mit andern Gleichgesinnten zusammenzutun, um sich bei ihrem gemeinsamen schwierigen geistlichen Abenteuer gegenseitig zu stützen. Diejenigen Orden, welche bestehen bleiben, werden Häuser für intensives Beten unterhalten, die als Häuser der Stille, geistliche Ausbildungsstätten, Klöster oder Einsiedeleien zur Verfügung stehen. Um zu christlicher Armut und Zeugentum dieser Art zu gelangen, legalisieren die Orden ihr bevorstehendes Hinscheiden dadurch, daß sie kürzere Röcke gestatten, die Gebetsstunden verändern und mit sozialen Aktionen experimentieren. Vielleicht trägt dieses Herumdoktern an Äußerlichkeiten dazu bei, die Schmerzen derer zu lindern, die in der absterbenden Struktur verbleiben, und ihnen das Ausharren bis zum bitteren Ende zu erleichtern.

Da die bisher gültigen Gründe für die Fortführung der derzeitigen juristisch fundierten Gemeinschaften sich auflösen, wird man nach andern Möglichkeiten suchen, ein lebenslanges Gelübde abzulegen. Die Kirche hat von jeher die Möglichkeit des privaten Gelübdes akzeptiert. Dieses werden wir immer weniger in ausschließlich rechtlichen Begriffen verstehen. Wenn die Verwirklichung eines Gelübdes aus klerikalen Strukturen in ein Leben des Verzichts draußen in der Welt überwechselt, so erscheint es angemessener, daß die freudige Übernahme einer solchen Verpflichtung durch die liturgische Feier einer mystischen Tatsache kundgetan wird als durch einen juristischen Akt, der rechtliche Verpflichtungen begründet. Die Kirche bewegt sich in diese Richtung, je weniger öffentlich, feierlich und bindend Gelübde werden. Heute erlangt jedes Ordensmitglied seinen Dispens, wenn es erklärt, es wolle sein Gelübde nicht halten. Früher wurden Gelübde als öffentlicher Verzicht auf Rechte behandelt; heute wirken sie mehr wie die öffentliche Erklärung bedingter Absichten. Ein Ordensbruder macht viel Aufhebens von der Tatsache, daß er nicht verheiratet ist und nicht heiraten wird, sofern er nicht gerade seine Meinung ändert. Wir bewegen uns vom religiösen „Zustand" zum religiösen „Stadium". Diese Verwirrung, diese pharisäische Gesetzlichkeit stellt vor der Welt wahrhaft ein trauriges Zeugnis dar.

Die Feier eines Gelübdes sollte ein von der Kirche festgelegter Ritus sein; sie zeugt öffentlich von dem Glauben an die Echtheit einer bestimmten christlichen Berufung und eines Charismas. Zu einer solchen liturgischen Feier sollten nur ungewöhnliche Personen zugelassen werden, die ihren Verzicht bereits viele Jahre hindurch im Leben in der Welt *gelebt* haben. Dadurch bekundet die Kirche öffentlich ihre Bereitschaft, diesen neuen „Mönchen" das Zeugnis eines Mysteriums anzuvertrauen. Erst dann werden wir zu der echten, engen Analogie zwischen christlicher Ehe und Verzicht zurückkehren. Beide Sakramente werden des Christen volles Bewußtsein von der Tiefe und Totalität einer Verpflichtung feiern, die er in der wirklichen Gesellschaft der Menschen begründet und gelebt hat.

Ein großer Teil der denkenden Kirche stellt die Verbindung von Zölibat und Priestertum in Frage. Der Papst besteht auf dem Zusammenhang. Weder Lehre noch Überlieferung stützen seine Haltung endgültig. Ich glaube, daß die Geburt einer neuen seelsorgerlichen Kirche weitgehend davon abhängt, daß man sich in unserer Generation seiner Weisung fügt. Seine Haltung trägt dazu bei, den raschen Tod des Klerus zu gewährleisten.

Um dem Rückgang der Berufungen und der Tendenz zu klerikalen Ausfällen zu begegnen, werden viele Lösungen vorgeschlagen: verheirateter Klerus, seelsorgerliche Aufgaben für Nonnen und Laien, größere Anreize bei Berufungskampagnen und die Verteilung des vorhandenen Klerus über die ganze Welt. Das alles sind lediglich kleinmütige Versuche, eine absterbende Struktur zu verjüngen.

Mindestens in unserer Generation ist es nicht nötig, an die Priesterweihe verheirateter Männer zu denken. Wir haben mehr als genug unverheiratete. Die Weihe von verheirateten Priestern würde eine echte seelsorgerliche Reform nur verzögern. Für diese Entscheidung gibt es aber noch einen andern heikleren Grund. Jetzt verwerfen Tausende von Priestern den Zölibat und bieten das peinliche Schauspiel von Männern, die in sexueller Abstinenz geschult sind, sich aber in späteren Jahren in eine risikoreiche Ehe hineintasten. Die Kirche erteilt ihnen insgeheim, willkürlich und voller Verlegenheit Dispens. Sie dürfen ihr Amt nicht mehr ausüben. Nachdem sie sich für die Ehe entschieden haben, *könnten* sie zwar noch priesterliche Aufgaben wahrnehmen, doch wären sie keine Vorbilder mehr, es sei denn für andere, die ihnen gleichen.

Hier muß das Verfahren, durch welches die Kirche einem Priester zu heiraten erlaubt, geklärt und liberalisiert werden. Ferner müssen alle begreifen, daß das Wohl der Kirche es erfordert, daß der „Expriester" auf klerikale Sicherheit und amtliche Funktionen verzichtet. Das ist für den Priester, der „hinaus will", ohne die damit verbundenen Folgen zu tragen, ebenso schwierig wie für den Bischof, der seinen Priester um jeden Preis „festhalten" will. Der Massenauszug von Klerikern wird nur so lange dauern, wie das derzeitige klerikale System Bestand hat. In dieser Periode wäre die Weihe von verheirateten Männern ein bedauerlicher Fehler. Die daraus erwachsende Verwirrung würde nur dringend nötige radikale Reformen verzögern.

Die einzige Institution, die in der Kirche keine Zukunft hat und zugleich jeder radikalen Reform unzugänglich ist, verliert heute wegen des Zölibatsgesetzes eine zunehmende Zahl von Männern. Der Ernst der Seminarkrise insgesamt zwingt uns ganz von selber, die ganze Frage der geistlichen Ausbildung in der Kirche viel gründlicher zu untersuchen.

## 4. Sakramentales Amt und theologische Ausbildung

Seit Trient hat die Kirche darauf bestanden, ihre Geistlichen in eigenen Akademien auszubilden. Sie hoffte, daß dieser Prozeß dank der persönlichen Initiative des Geistlichen in seinem strukturierten klerikalen Leben fortdauern würde. Die Kirche bildete ihre Geistlichen für ein Leben aus, das sie unter strenger Kontrolle hielt. Die weitere Anwerbung von hochherzigen jungen Männern, um sie in die Form von klerikalem Leben zu zwängen, wie sie immer noch vom Vatikanischen Konzil umschrieben wird, dürfte bald ans Unmoralische grenzen. Im Augenblick erscheint es höchst verantwortungslos, weiterhin Männer für einen aussterbenden Beruf auszubilden.

Das heißt nicht etwa, daß das geistliche Amt weniger intellektuelle Bildung erfordern werde. Diese kann sich aber nur auf der Grundlage einer besseren und allgemeineren christlichen Erziehung entwickeln. Hier liegt das Problem darin, daß dieser Begriff auf verwirrende Weise allumfassend geworden ist und dadurch eine präzise Bedeutung verloren hat. Er muß neu definiert werden. Persönliche Reife, theologische Genauigkeit, kontemplatives Gebet und heldenmütige Barmherzigkeit sind nichts spezifisch Christliches. Atheisten können reif sein, Nichtkatholiken theologisch genau, Buddhisten, Mystiker und Heiden von heldenhafter Großmut. Das *besondere* Ergebnis einer christlichen Erziehung ist der *sensus ecclesiae*, „das Gefühl für Kirche". Wer dieses besitzt, wurzelt in der lebendigen Autorität der Kirche, lebt den phantasievollen Erfindungsreichtum des Glaubens und drückt sich im Sinne der Gaben des Geistes aus.

Dieses Gefühl entsteht, wenn man die Quellen der authentischen christlichen Überlieferung liest, an der gebeterfüllten Feier der Liturgie teilnimmt und auf besondere *Weise* lebt. Es ist die Frucht des Christuserlebnisses und der Maßstab der wirklichen Tiefe des Gebets. Es ergibt sich, wenn man mit dem Licht des Verstandes und der Kraft des Willens den Inhalt des Glaubens durchdrungen hat. Bei der Auswahl eines Erwachsenen für Diakonat oder Priestertum werden wir bei ihm eher nach diesem Gefühl fragen als theologische Noten oder die in Abkehr von der Welt verbrachte Zeit gelten lassen. Für die Leitung einer christlichen Gruppe werden wir nicht auf die berufliche Fähigkeit, das Publikum zu lehren, achten, sondern auf prophetische Demut.

Ich meine, daß wöchentliche Lesungen als Vorbereitung auf die liturgische Feier eine bessere Ausbildung für die Ausübung des geistlichen Amtes sind als die Spezialisierung auf theologische Studien. Ich will damit nicht die Bedeutung eines strengen theologischen Studiums unterschätzen. Ich möchte es nur an den ihm zukommenden Platz verweisen. Die Aufgabe der Theologie besteht schließlich darin, eine zeitgenössische Äußerung zu erklären oder ihre Übereinstimmung mit der offenbarten Wahrheit nachzuweisen. Der zeitgenössische Ausdruck offenbarter Wahrheit ist nur das Ergebnis des kirchlichen Glaubens. Die theologische Wissenschaft hat daher eine ähnliche Funktion wie die Literaturkritik. Die *lectio divina* entspricht dem Genuß der Literatur selber. Die Theologie überprüft unsere Gläubigkeit; geistliche Lesungen nähren unsern Glauben. Wie die Sozialwissenschaften als Antwort auf die Probleme der technologischen Gesellschaft immer komplizierter und spezieller werden, so hängt die Gläubigkeit der christlichen Gemeinde in zunehmendem Maße davon ab, daß sie imstande ist, den Glauben in einer Sprache auszudrücken, welche neu ist für den Christen, der in einer Situation lebt, die noch niemals im Lichte des Evangeliums interpretiert worden ist. Die Kirche wird zunehmen an kindlicher Einfalt ihres Glaubens und an intellektueller Tiefe ihrer Theologie. Fast alles von dem, was jetzt als theologische Wissenschaft gilt, wird sich der ausschließlichen Zuständigkeit der Kirche entziehen. Schon jetzt werden die meisten Fächer der Seminarlehrpläne von Männern aller Glaubensrichtungen an weltlichen Universitäten gelehrt. Mit der

Schließung der Seminare wird der für alles zuständige Generaltheologe verschwinden. Das Theologiestudium wird sich auf spezielle Forschung und Lehre richten und nicht auf eine berufliche Allround-Darbietung. Christliche Professoren, die dieses „Gefühl für Kirche" besitzen, werden den Studenten bei ihrer Arbeit den Weg zu einer biblischen und kirchlichen Einheit weisen; diese Aufgabe haben kirchliche Lehrpläne im Grunde nie bewältigt.

Das theologische Studium wird sich auch weiter ausbreiten. Der Christ, der nach seinem Studium aktiver an der wöchentlichen Liturgie seiner kleinen Gruppe teilnehmen möchte, wird durch systematische theologische Lektüre und Studien um eine intellektuelle Analyse bemüht sein. Er wird dazu Zeit finden, weil unsere Gesellschaft immer mehr Freizeit gewährt. Diejenigen, welche die zu sexuellem Verzicht führende Askese mit jahrelangem Studium und Teilnahme an der Liturgie verbinden, werden für den Episkopat besonders geeignet sein. Die christliche Gemeinde wird, wenn sie deren Charisma anerkennt, weder zögern noch irren.

Das kirchliche Lehramt wird immer weniger in Hirtenbriefen gegen die Abtreibung und päpstlichen Enzykliken für soziale Gerechtigkeit Ausdruck finden. Die Kirche wird in dem offenbarten Wort neuen Glauben und Kraft entdecken. Sie wird durch eine lebendige, innige Liturgie lehren, deren Mittelpunkt dieses Wort ist. Kleine christliche Gemeinden werden in ihrer freudigen Feier Nahrung finden.

Auf den Geist, der die Kirche ständig erneuert, kann man sich verlassen. Er, der bei jeder christlichen Feier schöpferisch zugegen ist, macht den Menschen das Reich bewußt, das in ihnen lebt. Die christliche Feier erneuert, ob sie nun von ein paar Menschen um den Diakon oder aus der integralen Gegenwart der Kirche um den Bischof besteht, immer die *ganze* Kirche und die ganze Menschheit. Die Kirche wird den christlichen Glauben als die immer freudigere Offenbarung der *persönlichen* Bedeutung der Liebe offenbaren — derselben Liebe, welche alle Menschen feiern.

# Die Kehrseite
# der Barmherzigkeit

*Papst Johannes XXIII. verpflichtete 1960 alle Ordensoberen in den USA und Kanada, binnen zehn Jahren zehn Prozent ihrer Priester und Nonnen nach Lateinamerika zu schicken. Diese päpstliche Aufforderung wurde von den meisten Katholiken in den USA als ein Aufruf verstanden, bei der Modernisierung der lateinamerikanischen Kirche nach nordamerikanischem Vorbild mitzuwirken. Der Kontinent, auf dem die Hälfte aller Katholiken lebt, sollte vor dem „Castro-Kommunismus" gerettet werden.*

*Ich war gegen die Ausführung dieser Weisung. Ich war überzeugt davon, daß sie den Entsandten, ihren Schützlingen und den Vereinigten Staaten ernstlich schaden würde. Ich hatte auf Puerto Rico gelernt, daß es nur sehr wenige Menschen gibt, die durch lebenslange Arbeit „für die Armen" in einem fremden Land nicht verkümmern oder gänzlich zugrunde gerichtet werden. Die Verpflanzung nordamerikanischer Verhältnisse und Erwartungen konnte die erforderlichen revolutionären Veränderungen nur hemmen, und die Verwendung des Evangeliums im Dienste des Kapitalismus oder einer anderen Ideologie war falsch. Schließlich wußte ich, daß zwar die Vereinigten Staaten viele Informationen über alle Aspekte Lateinamerikas benötigten, daß aber „Missionare" dabei nur hinderlich sein könnten: die Erfolgsberichte von Missionaren sind notorisch wunderlich. Der geplante Kreuzzug mußte verhindert werden.*

*Zusammen mit zwei Freunden – Feodora Stancioff und Bruder Gerry Morris – schuf ich in Cuernavaca ein Zentrum. (Wir wählten diesen Ort wegen seines Klimas, seiner Lage und wegen seiner Verbindungen aus.) Bei der Eröffnung unseres Zentrums nannte ich von den Zwecken unseres Unternehmens zwei: Einmal den Schaden zu mindern, der von der päpstlichen Anweisung drohte. Durch unser*

*Ausbildungsprogramm für Missionare wollten wir diese herausfordern, sich der Wirklichkeit und sich selber zu stellen und entweder den Auftrag abzulehnen oder — falls sie ihn annähmen — etwas weniger unvorbereitet zu sein. Zum andern wollten wir bei den entscheidenden Organen derjenigen Institutionen, welche die Mission förderten, genügend Einfluß gewinnen, um ihnen die Ausführung des Planes auszureden.*

*Während der ganzen sechziger Jahre sorgten die Erfahrung und das Ansehen, die wir uns bei der Ausbildung ausländischer Fachleute für den Einsatz in Südamerika erworben hatten, sowie die Tatsache, daß wir weiterhin das einzige auf solche Ausbildung spezialisierte Zentrum blieben, dafür, daß ein ständiger Strom von Studenten durch unser Zentrum zog — unbeschadet unserer ausgesprochenen, im Grunde subversiven Zielsetzung. Selbst heute noch, zwei Jahre nach dem offiziellen Verbot aus Rom, durchläuft die große Mehrheit aller katholischen Missionare das Zentrum; sie bilden etwa zehn Prozent aller unserer Studenten.*

*Bis 1966 waren anstatt der 1960 aufgerufenen zehn Prozent knapp 0,7 Prozent des nordamerikanischen und kanadischen Klerus nach Süden gezogen. In den gebildeten Kreisen der nordamerikanischen Kirche waren ernste Zweifel aufgetaucht, ob das ganze Unternehmen überhaupt wünschenswert sei. Bei den Bischöfen und der großen Mehrheit der ungebildeten Katholiken aber weckten rührselige Berichte aus Lateinamerika und eine von Washington aus geleitete intensive Werbekampagne weiterhin Begeisterung für die Aktion „Helft Lateinamerika retten!"*

*Unter diesen Umständen galt es, eine lebhafte öffentliche Kontroverse anzuregen, und zu diesem Zweck schrieb ich im Januar 1967 einen vernichtenden Artikel in der Jesuitenzeitschrift „America". Der Zeitpunkt war mit Bedacht gewählt. Ich wußte, daß am Ende des Monats dreitausend Männer der Kirche — Katholiken und Protestanten aus den USA und Lateinamerika — sich in Boston versammeln würden, um ihrem Vorhaben neuen Auftrieb zu geben, und daß Ramparts im Begriff stand, ihre Denkschrift über die Unterstützung von Studentengruppen durch die CIA, zumal in Lateinamerika, zu veröffentlichen.*

Vor fünf Jahren begründeten amerikanische Katholiken eine eigentümliche Allianz für den Fortschritt der lateinamerikanischen Kirche. Bis 1970 sollten zehn Prozent der über 225 000 Priester, Mönche und Nonnen sich als Freiwillige melden, um nach Süden zu reisen. In diesen fünf Jahren hat der nordamerikanische männliche und weibliche „Klerus" in Südamerika um nur 1622 Personen zugenommen. Halbzeit ist eine gute Zeit, um festzustellen, ob ein in Gang gesetztes Programm immer noch Kurs hält und, was wichtiger ist, ob seine Zielsetzung sich immer noch lohnt. Zahlenmäßig war das Programm jedenfalls ein Fiasko. Sollte dieser Umstand nun Enttäuschung oder Erleichterung hervorrufen?

Das Unternehmen stützte sich auf einen Impuls, der von unkritischer Phantasie und sentimentalen Urteilen getragen wird. Ein ausgestreckter Finger und ein „Ruf nach 20 000" überzeugten viele von der Parole „Lateinamerika braucht DICH". Niemand wagte deutlich zu sagen, warum, obwohl die ersten Propagandaveröffentlichungen auf vier Seiten Text mehrere Hinweise auf die „rote Gefahr" enthielten. Das Lateinamerikanische Büro der *National Catholic Welfare Conference* (NCWC) versah das Programm, die Freiwilligen und den Aufruhr selber mit dem Beiwort „päpstlich".

Jetzt wird eine Werbung für mehr Geldmittel vorgeschlagen. Daher ist der Augenblick gekommen, um den Ruf nach 20 000 Menschen und den Bedarf an Millionen Dollar zu überprüfen. Beide Aufrufe müssen einer öffentlichen Debatte durch nordamerikanische Katholiken — vom Bischof bis zur armen Witwe — ausgesetzt werden, denn sie sind es, die das Personal beschaffen und die Rechnung bezahlen sollen. Phantasievolle und farbige Werbeslogans für immer noch eine Kollekte, die sich an das Gefühl richten, werden den Kern der Sache nur vernebeln. Prüfen wir kühl den Ausbruch von karitativer Wut in der amerikanischen Kirche, der zur Gründung „päpstlicher" Freiwilliger, zu „Missionskreuzzügen" von Studenten, zum jährlichen *Catholic Inter-American Cooperation Program* (CICOP), zu Massenversammlungen, zahlreichen Diözesanmissionen und neuen Ordensgemeinschaften geführt hat.

Ich will mich nicht mit Einzelheiten abgeben. Die genannten Unternehmungen studieren und revidieren andauernd Minimalia. Ich ziehe es vor, auf einige grundlegende Tatsachen und Folgen des sogenannten päpstlichen Plans hinzuweisen, der ein Teil der vielgestaltigen Bemühung ist, Lateinamerika im ideologischen Kreis des Westens festzuhalten. Wer in den Vereinigten Staaten Kirchenpolitik macht, muß sich den sozio-politischen Folgerungen stellen, die mit diesen gutgemeinten missionarischen Unternehmungen verbunden sind. Sie müssen ihre Berufung als christliche Theologen und ihre Taten als westliche Politiker überprüfen.

Männer und Mittel, die aus missionarischen Motiven entsandt werden, bringen ein ausländisches Christentum, eine ausländische Form von Seelsorge und verkünden eine ausländische politische Botschaft. Außerdem sind sie geprägt vom nordamerikanischen Kapitalismus der fünfziger Jahre. Warum soll man nicht einmal die Kehrseite der Barmherzigkeit betrachten und die unvermeidlichen Lasten wägen, welche ausländische Hilfe der südamerikanischen Kirche aufbürdet? Warum nicht die Bitterkeit des Schadens schmecken, den unsere Opfer anrichten? Wenn z.B. Katholiken in den USA den Traum von den „zehn Prozent" fahren ließen und etwas ehrlich über die Folgen ihrer Hilfe nachdächten, so könnte das erwachte Bewußtsein von den eigentlichen Trugschlüssen zu nüchterner, sinnvoller Freigebigkeit führen.

Ich will genauer sein. Die unzweifelhafte Freude des Gebens und die Früchte des Nehmens sollten als zwei klar voneinander geschiedene Kapitel behandelt werden. Ich beabsichtige, lediglich die negativen Ergebnisse darzustellen, die ausländisches Geld, Menschen und Ideen in der südamerikanischen Kirche herbeiführen, damit künftig das nordamerikanische Programm darauf zugeschnitten werden kann.

In den letzten fünf Jahren sind die Betriebskosten der Kirche in Lateinamerika um das Vielfache gestiegen. Eine solche Steigerung der kirchlichen Ausgaben in kontinentalem Maßstab ist ohne Beispiel. Heute kann der Betrieb einer katholischen Universität, Missionsgesellschaft oder Rundfunkstation mehr kosten als die ganze Kirche eines Landes vor zehn Jahren. Die meisten Mittel dieser Art kamen von auswärts und flossen aus zweierlei Quellen. Die erste ist die Kirche selber, die ihre Einkünfte auf dreierlei Weise aufbrachte:

1. Dollar für Dollar durch Appelle an die Gebefreudigkeit der Gläubigen, wie es in Deutschland und den Niederlanden durch Adveniat, Misereor und Oostpriesterhulp geschieht. Diese Spenden belaufen sich auf mehr als fünfundzwanzig Millionen Dollar im Jahr.

2. Durch große Spendenbeträge von einzelnen Kirchenfürsten, unter denen Kardinal Cushing das herausragende Beispiel ist, oder Institutionen wie die NCWC, die aus ihren eigenen Missionen dem Lateinamerikanischen Büro eine Million Dollar überwiesen haben.

3. Durch die Entsendung von Priestern, Ordensleuten und Laien, die alle mit beträchtlichen Kosten ausgebildet und häufig bei ihren apostolischen Aktionen finanziell unterstützt werden.

Diese Art von ausländischer Großzügigkeit hat die lateinamerikanische Kirche dazu verlockt, ein Trabant nordatlantischer Kultur und Politik zu werden. Vermehrte apostolische Mittel verstärken den Bedarf an diesem ständigen Strom und schufen Inseln apostolischen Wohlergehens, die das Vermögen örtlicher Hilfskräfte von Tag zu Tag weiter überstiegen. Die lateinamerikanische Kirche erblüht von neuem, indem sie zu dem zurückkehrt, wozu die Konquistadoren sie geprägt hatten: eine koloniale Pflanze, die dank ausländischer Pflege blüht. Anstatt zu lernen, wie man entweder mit weniger Geld auskommt oder den Laden schließt, fängt man die Bischöfe damit, daß sie heute mehr Geld benötigen, und vermacht ihnen eine Institution, die in Zukunft unmöglich funktionieren kann. Bildung — die einzige Investition, die auf lange Sicht Erträge bringen könnte — wird hauptsächlich als Ausbildung von Bürokraten verstanden, die den vorhandenen Apparat in Gang halten sollen.

Ein Beispiel dafür erlebte ich unlängst bei einer großen Gruppe lateinamerikanischer Priester, die zum weiteren Studium nach Europa geschickt worden waren. Um die Kirche zur Welt in Beziehung zu setzen, studierten neun Zehntel dieser Männer Lehrmethoden — Katechetik, Pastoraltheologie oder Kirchenrecht — und förderten damit weder ihr Wissen von der Kirche noch von der Welt. Nur wenige studierten die Kirche nach Geschichte und Ursprung oder die Welt, wie sie ist.

Es ist leicht, große Summen zu bekommen, um im Dschungel eine neue Kirche oder in einer Vorstadt ein Gymnasium zu bauen und dann diese Institution mit neuen Missionaren zu besetzen. Ein offensichtlich belangloses Pastoralsystem wird künstlich mit großen Kosten aufrechterhalten, während Untersuchungen zugunsten eines neuen, lebensfähigen Systems als extravaganter Luxus gelten. Stipendien für nichtkirchliche geisteswissenschaftliche Studien, Startgeld für phantasievolle seelsorgerische Versuche, Beihilfen für Dokumentation und Forschung zugunsten einer punktuellen konstruktiven Kritik — sie alle bergen das schreckliche Risiko, daß sie unsere weltlichen Strukturen, geistlichen Institutionen und „good business"-Methoden bedrohen.

Noch überraschender als kirchliche Freigebigkeit für kirchliche Belange ist eine andere Geldquelle. Vor einem Jahrzehnt versuchte die Kirche wie eine verarmte *grande dame*, aus ihrem zusammengeschmolzenen Einkommen die fürstliche Tradition des Almosengebens beizubehalten. In den mehr als hundert Jahren, seit Spanien Lateinamerika aufgeben mußte, hat die Kirche stetig Staatszuschüsse, Patronatsabgaben und schließlich die Einkünfte aus ihrem früheren Grundbesitz verloren. Nach den kolonialen Vorstellungen von Wohltätigkeit verlor die Kirche die Macht, den Armen zu helfen. Man sah in ihr allmählich ein historisches Überbleibsel, unweigerlich den Bundesgenossen konservativer Politiker.

Im Jahr 1966 scheint fast das Gegenteil wahr zu sein, mindestens auf den ersten Blick. Die Kirche ist zu einem Agenten geworden, dem man zutraut, soziale Reformprogramme zu verwirklichen. Sie setzt sich genügend ein, um einige Ergebnisse zu erzielen. Wird sie aber von wirklichem Wandel bedroht, so zieht sie sich lieber zurück, als zuzulassen, daß sich soziale Bewußtheit wie ein Lauffeuer ausbreitet. Das Abwürgen der brasilianischen Rundfunkschulen durch eine hohe kirchliche Stelle ist dafür ein gutes Beispiel.

So sichert die Kirchenzucht dem Spender zu, daß sein Geld in Priesterhand doppelt wirksam werde. Es wird nicht verdunsten, noch wird es als das gelten, was es ist: Werbung für privates Unternehmertum und Eintrichterung eines Lebensstils, den die Reichen als für die Armen passend ausgewählt haben. Der Empfänger erhält unweigerlich den Eindruck: der „Padre" steht auf der Seite von ESSO, der Allianz für den Fortschritt, demokratischer Staatsordnung, der amerikanischen Gewerkschaften und was sonst noch im westlichen Pantheon heilig sein mag.

Natürlich sind die Meinungen darüber geteilt, ob die Kirche deshalb so stark in Sozialprojekte eingestiegen ist, weil sie auf diese Art Geld „für die Armen" erlangen konnte, oder ob sie sich um das Geld bemüht hat, um den Castroismus einzudämmen und ihre institutionelle Ehrbarkeit sicherzustellen. Indem die Kirche zur „offiziellen" Agentur für eine Art von Fortschritt wird, hört sie auf, für die Zukurzgekommenen zu sprechen, die außerhalb aller Agenturen stehen, aber eine immer größere Mehrheit werden. Indem die Kirche die Macht zu helfen annimmt, muß sie einen Camilo Torres, der die Macht des Verzichts verkörpert, notwendigerweise ablehnen. So errichtet das Geld der Kirche ein „seelsorgerliches" Gebäude, das über ihre Verhältnisse hinausgeht, und macht aus ihr eine politische Macht.

Oberflächliche Gefühlsregungen verdunkeln rationales Nachdenken über die internationale „Hilfe" Amerikas. Gesundes Schuldgefühl wird unterdrückt durch ein seltsam motiviertes Verlangen, in Vietnam zu „helfen". Endlich beginnt unsere Generation, das Gerede um patriotische „Loyalität" zu durchbrechen. Mühsam erkennen wir, wie pervers unsere Machtpolitik ist und wie verheerend sich unsere verschrobenen Bemühungen auswirken, einseitig *„our way of life"* allen aufzuzwingen. Wir haben aber noch nicht begonnen, uns der Kehrseite der personellen Beteiligung des Klerus und der Mittäterschaft der Kirche zu stellen, wenn ein weltweites Erwachen verhindert werden soll, das zu revolutionär ist, um innerhalb der großen Gesellschaft stillzuhalten.

Ich weiß, daß kein ausländischer Mönch und keine Nonne so nachlässig arbeiten, daß sie nicht durch ihren Aufenthalt in Lateinamerika irgendein Leben bereichert hätten; und daß kein Missionar so unfähig ist, daß Lateinamerika durch ihn nicht einen kleinen Beitrag für Europa und Nordamerika gestiftet hätte. Aber weder unsere Bewunderung für auffallende Freigebigkeit noch unsere Sorge, wir könnten lauwarme Freunde in bittere Feinde verwandeln, darf uns daran hindern, den Tatsachen ins Gesicht zu sehen. Nach Lateinamerika entsandte Missionare können 1) eine fremde Kirche noch mehr entfremden, 2) einer personell übersetzten Kirche die Priesterplage bescheren und 3) Bischöfe in elende Bettler verwandeln. Unlängst hat öffentliche Zwietracht die Einmütigkeit der nationalen Haltung gegenüber Vietnam zerstört. Ich hoffe, daß die öffentliche Bewußtheit bezüglich der repressiven und korrupten Faktoren, die in „offiziellen" kirchlichen Hilfsprogrammen stecken, ein echtes Schuldgefühl hervorrufen werden: daß man sich schuldig fühlt, das Leben junger Männer und Frauen vergeudet zu haben, die sich der Aufgabe der Evangelisierung in Lateinamerika gewidmet haben.

Die wahllose Masseneinfuhr von Klerikern verhilft der Kirchenbürokratie dazu, in ihrer eigenen Kolonie zu überleben, die mit jedem Tage ausländischer und komfortabler wird. Diese Einwanderung trägt dazu bei, die Hacienda Gottes alten Stils (auf der das Volk nur geduldet war) in den Supermarkt des Herrn zu verwandeln, in dem Katechismus, Liturgie und andere Gnadenmittel in großen Mengen vorrätig sind. Sie macht aus vegetierenden Bauern zufriedene Verbraucher, aus einstmals Frommen anspruchsvolle Kunden. Sie polstert die heiligen Taschen und bietet Menschen Zuflucht, die vor weltlicher Verantwortung Angst haben.

Kirchgänger, die an Priester, Novenen, Bücher und Kultur aus Spanien (möglicherweise auch an Francos Bild im Pfarrhaus) gewöhnt sind, stoßen jetzt auf einen neuen Typ von administrativer und finanzieller Begabung, der eine gewisse Art von Demokratie als christliches Ideal anpreist. Die Menschen erkennen bald, daß die Kirche fern, ihnen entfremdet, ein importiertes und spezialisiertes

Unternehmen ist, das vom Ausland finanziert wird und mit heiligem, nämlich ausländischem Akzent spricht.

Diese ausländische Bluttransfusion – und die Hoffnung auf weitere – hat dem kirchlichen Kleinmut das Leben verlängert, hat ihm nochmals eine Chance verschafft, das überholte Kolonialsystem weiterzuführen. Wenn Nordamerika und Europa genug Priester schicken, um damit die freien Pfarrstellen zu besetzen, braucht man nicht zu erwägen, ob Laien – die für Teilarbeit nicht bezahlt werden – nicht die meisten geistlichen Aufgaben übernehmen könnten. Man braucht dann die Struktur der Pfarreien, die Funktion des Priesters, die Sonntagspflicht und Klerikerpredigt nicht neu zu überdenken. Man braucht die Verwendung verheirateter Diakone nicht zu untersuchen und ebensowenig neue Formen der Wort- und Eucharistiefeier sowie die intime Familienfeier der Konversion im häuslichen Rahmen. Die Zusicherung von mehr Klerikern wirkt wie betörender Sirenengesang. Sie verschleiert den chronischen Überschuß von Klerikern in Lateinamerika und macht es möglich, diesen Überschuß als die ernsteste Krankheit der Kirche zu erkennen. Heute ändert sich diese pessimistische Beurteilung ein wenig dank einigen mutigen und einfallsreichen Nichtlateinern unter ihnen, die eine echte Reform anstreben, studieren und vor Augen haben.

Ein großer Teil des Personals der lateinamerikanischen Kirche wird gegenwärtig in privaten Institutionen beschäftigt, die den mittleren und oberen Schichten dienen und oft sehr ansehnliche Gewinne abwerfen. Das alles auf einem Kontinent, wo Lehrer, Pflegepersonal und Sozialarbeiter in öffentlichen Institutionen, die den Armen dienen, dringend benötigt werden. Ein großer Teil des Klerus wird mit bürokratischen Aufgaben beschäftigt, die gewöhnlich mit dem Hausieren von Sakramenten, Sakramentalien und abergläubischen „Segnungen" zu tun haben. Die meisten von ihnen führen ein elendes Leben. Die Kirche, die außerstande ist, ihr Personal für seelsorgerlich sinnvolle Aufgaben zu verwenden, kann nicht einmal ihre Priester und die 670 Bischöfe, von denen sie regiert werden, unterhalten. Die Theologie dient dazu, dieses System zu rechtfertigen, das Kirchenrecht dient seiner Verwaltung, und der ausländische Klerus soll weltweites Einvernehmen darüber schaffen, daß es fortgesetzt werden müsse.

Ein gesundes Wertempfinden leert die Seminare und die Reihen des Klerus viel wirksamer als etwa ein Mangel an Disziplin und Freigebigkeit. Tatsächlich macht das neue Gefühl des Wohlbefindens die kirchliche Laufbahn dem Selbstsüchtigen viel anziehender.

Bischöfe verwandeln sich dann in untertänige Bettler, werden versucht, Safaris zu veranstalten, und machen Jagd auf ausländische Priester und Geldmittel, um so widersinnige Dinge wie Kleinseminare zu errichten. Solange solche Expeditionen erfolgreich verlaufen, wird es schwierig, wenn nicht unmöglich sein, den für die Gefühle steinigeren Weg zu gehen und uns ehrlich zu fragen, ob wir solcher Beute bedürfen.

Die Ausfuhr von kirchlichen Mitarbeitern nach Lateinamerika verschleiert eine weltweite, unbewußte Furcht vor einer neuen Kirche. Nord- und südamerikanische Behörden werden — aus verschiedenen Beweggründen, aber aus der gleichen Furcht — mitschuldig an der Erhaltung einer klerikalen und belanglosen Kirche. Indem diese Kirche Mitarbeiter und Eigentum sakralisiert, wird sie in fortschreitendem Maße blind für die Möglichkeiten, Person und Gemeinde zu sakralisieren.

Es fällt schwer, dadurch zu helfen, daß man sich weigert, Almosen zu geben. Ich erinnere mich, daß ich einmal in einem Gebiet, wo großer Hunger herrschte, die Verteilung von Nahrungsmitteln in den Sakristeien abbrach. Immer noch verspüre ich den Stachel einer anklagenden Stimme: „Schlafe gut für den Rest deines Lebens mit Dutzenden von toten Kindern auf deinem Gewissen!" Sogar manche Ärzte ziehen Aspirin einer radikalen Operation vor. Sie fühlen keine Schuld, wenn sie den Patienten an Krebs sterben lassen, fürchten aber, das Messer anzusetzen. Der Mut, den wir heute brauchen, findet Ausdruck bei Daniel Berrigan S.J., der über Lateinamerika schreibt: „Ich schlage vor, wir stellen für drei Jahre die Entsendung von allen und allem ein, graben uns ein, stellen uns unsern Fehlern und bemühen uns, daß wir sie nicht kanonisieren müssen."

Aus sechsjähriger Erfahrung bei der Ausbildung von Hunderten von ausländischen Missionaren, die für Lateinamerika bestimmt waren, weiß ich, daß echte Freiwillige in zunehmendem Maße der Wahrheit ins Gesicht blicken möchten, die ihren Glauben auf die Probe stellt. Kirchenobere, die durch Verwaltungsentscheidungen Personal verschieben, aber nicht mit den daraus folgenden Enttäuschungen zu leben brauchen, sind gefühlsmäßig im Nachteil, wenn sie sich dieser Wirklichkeit stellen sollen.

Die Kirche in den USA muß sich der peinlichen Seite der Freigebigkeit stellen: der Last, die ein kostenlos gewährtes Leben dem Empfänger aufbürdet. Die Männer, die nach Lateinamerika gehen, müssen in aller Bescheidenheit die Möglichkeit einbeziehen, daß sie nutzlos oder gar schädlich sind, obwohl sie alles geben, was sie haben. Sie müssen sich mit der Tatsache abfinden, daß ein hinkendes kirchliches Hilfsprogramm sie als Beruhigungsmittel verwendet, um die Schmerzen einer krebszerfressenen Struktur zu mildern; dabei ist die einzige Hoffnung, daß die Medizin dem Organismus genügend Zeit und Ruhe geben wird, um einen spontanen Heilprozeß einzuleiten. Viel wahrscheinlicher wird jedoch die Pille des Apothekers den Patienten daran hindern, den Rat des Chirurgen einzuholen, und wird ihn der Droge hörig machen.

Ausländische Missionare erkennen immer deutlicher, daß sie einem Ruf gefolgt sind, die Löcher in einem sinkenden Schiff zuzustopfen, weil die Offiziere nicht wagen, die Rettungsflöße zu Wasser zu lassen. Wird das nicht klar erkannt, so werden Männer, die gehorsam die besten Jahre ihres Lebens zur Verfügung stellen, sich dazu betrogen fühlen, einen aussichtslosen Kampf zu führen, um einen zum Untergang verurteilten Dampfer über Wasser zu halten, der durch unbekannte Gewässer schlingert.

Wir müssen uns eingestehen, daß Missionare Faustpfänder in einem weltweiten ideologischen Kampf sein können und daß es Blasphemie bedeutet, das Evangelium zu benutzen, um irgendein politisches oder gesellschaftliches System zu stützen. Schickt man in eine Gesellschaft im Rahmen eines Programms Menschen und Geldmittel, so bringen diese Ideen mit, welche sie überleben. Im Hinblick auf das Friedenskorps hat man gesagt, die kulturelle Mutation, die eine kleine Gruppe von Ausländern auslöst, könne wirksamer sein als alle unmittelbar von ihr geleisteten Dienste. Dasselbe kann bei einem nordamerikanischen Missionar der Fall sein, der der Heimat nahe ist, große Mittel zur Verfügung hat und gewöhnlich nur für kurze Zeit verpflichtet worden ist, wenn er in ein Gebiet mit intensiver nordamerikanischer kultureller und wirtschaftlicher Kolonisierung gelangt. Er ist Bestandteil dieser Einflußsphäre und gelegentlich auch Intrige. Durch den nordamerikanischen Missionar überwachen und färben die USA das öffentliche Image der Kirche. Der Zustrom nordamerikanischer Missionare trifft zusammen mit der Allianz für den Fortschritt, Camelot und CIA-Projekten, und es sieht fast wie eine untereinander abgestimmte Aktion aus. Es sieht so aus, als würde die Allianz von christlicher Gerechtigkeit geleitet, und man sieht nicht, was sie ist: eine Täuschung, die, mag sie auch anders motiviert sein, den *status quo* aufrechterhalten soll. Während der ersten fünf Jahre des Programms hat sich das aus Lateinamerika abfließende Kapital verdreifacht. Das Programm ist zu klein, um auch nur den Anfang eines stetigen Wachstums zu ermöglichen. Es ist ein Knochen, den man dem Hund hinwirft, damit er auf dem amerikanischen Hinterhof Ruhe bewahrt.

Im Rahmen dieser Wirklichkeit neigt der Missionar aus den USA dazu, die herkömmliche Rolle des lakaienhaften Kaplans einer Kolonialmacht zu spielen. Die Gefahren, die sich ergeben, wenn die Kirche ausländisches Geld verwendet, werden zur Karikatur, wenn diese Hilfe von einem „Gringo" geleistet wird, damit der „Unterentwickelte" Ruhe gibt. Natürlich kann man von den meisten Amerikanern nicht verlangen, daß sie an der sozio-politischen Aggression der USA in Lateinamerika vernünftig, klar und offen Kritik üben; noch schwieriger ist, daß sie dergleichen ohne die Bitterkeit des Emigranten oder den Opportunismus des Renegaten tun.

In Gruppen können amerikanische Missionare gar nicht verhindern, daß sie den Eindruck von „Vorposten der USA" erwecken. Dieses Zerrbild können nur einzelne Amerikaner vermeiden, die sich unter die örtliche Bevölkerung mischen. Der Missionar aus den USA ist notgedrungen ein „getarnter" Agent, der — wenn auch unbewußt — für soziale und politische Übereinstimmung mit den USA arbeitet. Bewußt hingegen verfolgt er das Ziel, Südamerika die Werte seiner Kirche zu vermitteln; Anpassung und Auswahl lassen es nur selten zu, daß er diese Werte selber in Frage stellt.

Vor zehn Jahren war die Lage noch nicht so zweideutig. Damals waren die Missionsgesellschaften mit gutem Gewissen die Kanäle, durch welche die übliche Munition der nordamerikanischen Kirche nach Südamerika floß. Alles — vom Priesterkragen bis zu Pfarrschulen, vom nordamerikanischen Katechismus bis zu katholischen Universitäten — galt als gängige Ware für den neuen lateinamerikanischen Markt. Man brauchte kein gewiegter Verkäufer zu sein, um die lateinamerikanischen Bischöfe zu überreden, daß sie es einmal mit dem Etikett „Made in USA" versuchten.

Inzwischen hat sich die Lage jedoch erheblich verändert. Die Kirche in den USA wird von den ersten Ergebnissen einer massiven wissenschaftlichen Selbstüberprüfung erschüttert. Nicht nur Methoden und Institutionen, sondern auch die darin zum Ausdruck kommenden Ideologien werden überprüft und angegriffen. Daher ist das Selbstvertrauen des amerikanischen Reisenden in Kirche erschüttert. Wir stehen vor dem seltsamen Widersinn, daß jemand in einer völlig anderen Kultur Strukturen und Programme einwurzeln lassen möchte, die heute in ihrem Herkunftsland abgelehnt werden. (Unlängst hörte ich, daß in einer mittelamerikanischen Großstadtpfarrei von amerikanischem Personal die Gründung eines katholischen Gymnasiums geplant wird, obwohl es dort bereits ein Dutzend öffentliche Schulen gibt.)

Es gibt auch die umgekehrte Gefahr. Lateinamerika kann es nicht mehr dulden, Zufluchtsort für Liberale aus den USA zu sein, die sich zu Hause nicht durchsetzen können; eine Ausweichmöglichkeit für Apostel, die zu „apostolisch" sind, um als tüchtige Berufstätige im eigenen Lande einen Platz zu finden. Der Reisevertreter droht, auf dem ganzen Kontinent zweitklassige Nachahmungen von Pfarreien, Schulen und Katechismen zu verschleudern, die sogar in den Vereinigten Staaten außer Mode gekommen sind. Auf der Flucht vor der Wirklichkeit droht der Reisende mit seinen oberflächlichen Protesten, mit denen er nicht einmal zu Hause durchkam, eine fremde Welt zu verwirren.

Die amerikanische Kirche der Vietnamgeneration hat Schwierigkeiten, sich für die Auslandshilfe zu engagieren, ohne dabei weder deren Lösungen noch deren Probleme zu exportieren. Für die Entwicklung von Nationen ist beides prohibitiver Luxus. Um die Absender nicht zu kränken, bezahlen Mexikaner hohe Zollgebühren für unnütze oder unerbetene Geschenke, die ihnen von wohlmeinenden amerikanischen Freunden geschickt werden. Wer Geschenke macht, darf nicht an diesen Augenblick und an dieses Bedürfnis denken, sondern muß sich die künftige Wirkung über eine ganze Generation hinweg überlegen. Wer Geschenke plant, muß sich fragen, ob der gesamte Wert des Geschenkes an Männern, Geld und Ideen den Preis lohnt, den der Empfänger schließlich dafür entrichten muß. Wie Pater Berrigan sagt, können die Reichen und Mächtigen beschließen, nichts zu schenken; die Armen können das Geschenk aber kaum ablehnen. Da Almosen die Geisteshaltung des Bettlers beeinflussen, haben die lateinamerikanischen Bischöfe nicht völlig unrecht, wenn sie um irregeleitete und schädliche Auslandshilfe bitten. Ein großes Maß von Schuld liegt bei der unterentwickelten Kirchenkunde nordamerikanischer Kleriker, welche den „Verkauf" amerikanischer guter Absichten steuern.

Der Katholik in den USA möchte an einem kirchenkundlichen vernünftigen Programm teilnehmen, nicht an zusätzlichen politischen und sozialen Programmen, die darauf angelegt sind, das Wachstum in der Entwicklung befindlicher Nationen gemäß der Soziallehre von irgend jemand zu fördern, und würde sie auch als Lehre des Papstes ausgegeben. Der Kern der Debatte ist also nicht, wie man mehr Menschen und Geld schicken könnte, sondern warum man sie überhaupt schicken soll. Inzwischen besteht für die Kirche keine

Lebensgefahr. Wir sind eher bereit, Strukturen zu bergen und zu retten als ihre Zielsetzung und Wahrheit in Frage zu stellen. In der Hoffnung, uns unserer Hände Arbeit rühmen zu können, empfinden wir Schuld, Frustration und Zorn, wenn Teile des Bauwerks einzustürzen beginnen. Anstatt an die Kirche zu glauben, versuchen wir krampfhaft, sie nach unsern eigenen nebelhaften Kulturvorstellungen zu erbauen. Wir möchten mit Hilfe von Kunstgriffen Gemeinde bauen und sind blind für das latente Verlangen nach Einheit, das unter den Menschen um Ausdruck ringt. Voller Angst planen wir lieber *unsere* Kirche mit Statistiken, als daß wir vertrauensvoll nach der lebendigen Kirche suchen, die mitten unter uns ist.

**Vom Geld ist die Rede, von wem noch?**

*Kein Buch ist so schlecht . . .*

... daß es nicht irgendwie nützlich sein könnte, pflegte er zu sagen, und so las er denn Buch um Buch, viele, aber nicht vielerlei. Oft ließ er sich gar noch im Bade vorlesen. Und nie las er etwas, ohne sich in exaktester Handschrift Auszüge davon zu machen. Seinem Neffen und Adoptivsohn hinterließ er 160 Bände mit solchen Extrakten. Ein Liebhaber bot ihm dafür eine Summe, die nach heutiger Kaufkraft etwa zwei Millionen Mark wert war. Der Neffe lehnte ab.

Der Ältere, von dem hier die Rede ist, wurde in Como geboren. Der Wissenschaftler und Politiker las nicht nur viel, er reiste auch weit, nach Nordafrika, Frankreich, Belgien, Deutschland und vermutlich auch nach Syrien und Israel. Das Pensum bewältigte er durch ungeheure Schaffenskraft. Vor Tagesanbruch schon konferierte er mit seinem Kaiser, mit dem er auf bestem Fuße stand. Nachdem er die Pflichten seiner öffentlichen Ämter erledigt hatte, kehrte er nach Hause zurück, nahm ein leichtes Mahl zu sich und widmete sich dann dem Studium von Büchern, wobei er sich sommers in die Sonne zu legen pflegte. Danach nahm er ein kaltes Bad, einen kleinen Imbiß, ruhte sich etwas aus und begann dann, «als wäre es schon der nächste Tag», erneut mit seinen Studien bis zum Abendessen.

Nach dem Bericht des Neffen soll sein Onkel und Adoptivvater wissenschaftliche Werke mit insgesamt 102 Bänden veröffentlicht haben. Erhalten ist ein Werk von 37 Bänden, und allein im Quellennachweis nennt er Bücher von 473 Autoren! Im siebten Band dieses Werkes weiß er von allerlei Ungeheuerlichem zu berichten, von einem Mann, dessen Füße verkehrt angewachsen waren, von anderen, deren Füße so groß waren, daß sie ihnen als Sonnenschirm dienen konnten, von mundlosen Menschen, die sich vom Duft der Pflanzen und Früchte ernährten.

Der Mann starb im Alter von 56; beim Ausbruch eines Vulkans wollte er den Bedrängten helfen und kam dabei selbst ums Leben. Von wem war die Rede?

(Alphabetische Lösung: 16–12–9–14–9–21–19)

# Pfandbrief und Kommunalobligation

**Meistgekaufte deutsche Wertpapiere - hoher Zinsertrag - bei allen Banken und Sparkassen**

Verbriefte  Sicherheit

# Die Beredsamkeit
# des Schweigens

*Fünf Jahre auf den Straßen von New York haben mir klargemacht, daß wir eine Methode benötigen, wie man zwischen den eingeborenen New Yorkern und den Puertoricanern Freundschaft stiften kann. Geistliche, Lehrer, Sozialpfleger – sie alle sind in einer spanischsprechenden Masse untergegangen. Sie mußten die Sprache lernen, für die Nöte eines Volkes, das einsam, verängstigt und machtlos war, ihre Ohren einstimmen und ihre Herzen öffnen.*
*Das bloße Studium des Spanischen war ganz offensichtlich nicht genug. Jemand, der aus Wörtern und Grammatik Sätze konstruieren kann, kann viel weiter von der Wirklichkeit entfernt sein als ein anderer, der weiß, daß er keine Sprache spricht. Ich habe gesehen, wie entschieden Puertoricaner den AMERICANO ablehnen, der sie studierte, um „sie in die Stadt zu integrieren". Sie weigerten sich sogar, auf spanisch zu antworten, weil sie hinter seinem Wohlwollen die Herablassung und oft auch die Verachtung verspürten. Es bedurfte eines Programms, um den eingeborenen New Yorkern zu helfen, den GEIST DER ARMUT zu begreifen.*
*1956 wurde ich stellvertretender Rektor der katholischen Universität von Puerto Rico. Damit erhielt ich die Möglichkeit, Menschen auf die Arbeit in den spanischen Gettos vorzubereiten. Wir richteten Kurse ein, welche das sehr intensive Studium der spanischen Umgangssprache mit praktischen Erfahrungen und mit dem akademischen Studium puertoricanischer Dichtung, Geschichte, Lieder und gesellschaftlicher Wirklichkeit verbanden. Viele meiner Studenten ließen sich die Teilnahme viel kosten. Über die Hälfte waren Priester, die meisten noch nicht 35 Jahre alt. Sie hatten sich entschlossen, ihr Leben mitten in der Stadt unter den Armen zu verbringen. Begreiflicherweise lockte sie die spanische Sprache, da diese sie als geborene Katholiken auswies. Als sieben Jahre später der Krieg gegen die Armut ausbrach, stellten diese Männer, die sich auf Puerto Rico kennengelernt hatten, eine beträchtliche Zahl von anerkannten*

*Führern und Kritikern. Mit dieser Studentengruppe konnte ich den tieferen Sinn, der im Erlernen einer Fremdsprache liegt, erfahren und erforschen. Ich glaube tatsächlich, daß richtig geleitete Sprachkurse eine der wenigen Gelegenheiten sind, bei denen ein Erwachsener das tiefe Erlebnis der Armut, der Schwäche und der Abhängigkeit vom Wohlwollen anderer vermittelt bekommen kann. Jeden Abend trafen wir uns zu einer Stunde stillen Gebetes. Zu Beginn der Stunde trug einer Themen für die Meditation vor. Das Folgende ist die Aufzeichnung einer solchen Zusammenkunft durch einen Teilnehmer.*

Die Sprachwissenschaft hat für das Verständnis menschlicher Kommunikation neue Horizonte sichtbar gemacht. Die objektive Untersuchung der Methoden, mit denen Bedeutungen übermittelt werden, hat gezeigt, daß von Mensch zu Mensch durch und im Schweigen viel mehr vermittelt wird als durch Worte. Aus Schweigen werden Wörter und Sätze gebildet, die viel bedeutungsvoller sind als Laute. Die bedeutungsvollen Pausen zwischen Tönen und Aussagen werden leuchtende Punkte in einem Nichts – gleich Elektronen im Atom oder Planeten im Sonnensystem. Sprache ist wie ein Seil aus Schweigen mit Lauten als Knoten – wie bei einem peruanischen Quipu, bei dem die Zwischenräume reden. Mit Konfuzius können wir die Sprache als ein Rad sehen: die Speichen zielen zur Mitte, aber die leeren Räume machen das Rad aus.

Wir müssen also, um den andern zu verstehen, eher sein Schweigen als seine Worte lernen. Sinn geben weniger unsere Laute als die Pausen, mit denen wir uns verständlich machen. Das Erlernen einer Sprache besteht eher im Erfahren ihres Schweigens als ihrer Laute. Nur der Christ glaubt an das Wort als an gleichermaßen ewiges Schweigen. Unter den Mensche in der Zeit ist der Rhythmus ein Gesetz, durch das unser Gespräch ein *Yang-Yin* aus Schweigen und Laut wird.

Um eine Sprache auf menschliche, reife Weise zu erlernen, muß man die Verantwortung für ihr Schweigen und für ihren Ton übernehmen. Die Gabe, die uns ein Volk durch das Lehren seiner Sprache schenkt, ist mehr eine Gabe des Rhythmus, der Tonart und der Feinheiten ihrer Schweigeordnung als ihrer Klangordnung. Es ist eine intime Gabe, für die wir dem Volk, das uns seine Sprache anvertraut hat, Rechenschaft schulden. Eine Sprache, von der ich nur die Wörter und nicht die Pausen kenne, ist eine ständige Beleidigung. Sie gleicht der Karikatur eines fotografischen Negativs.

Es erfordert mehr Zeit, Mühe und Feingefühl, das Schweigen eines Volkes zu erlernen als seine Laute. Manche Menschen sind dafür besonders begabt. Daraus erklärt sich vielleicht, warum manche Missionare allen Bemühungen zum Trotz niemals dahin gelangen, richtig zu sprechen und sich durch Schweigen feinfühlig mitzuteilen. Obwohl sie „mit einheimischem Akzent sprechen", bleiben sie immer Tausende von Meilen entfernt. Die Grammatik des Schweigens ist eine Kunst, die viel schwieriger zu erlernen ist als die gesprochene Grammatik.

Wie man Wörter durch Zuhören und durch mühsame Versuche, einen einheimischen Sprecher nachzuahmen, lernen muß, so muß man das

Schweigen dadurch erlernen, daß man sich ihm feinfühlig öffnet. Das Schweigen hat seine Pausen und Hemmungen, seinen Rhythmus, seine Ausdrucksformen und Modulationen; es hat seine Dauer und seine Tonlage und hat Zeiten, zu denen es anhält oder aufgegeben wird. Genau wie bei unsern Wörtern gibt es eine Analogie zwischen unserm Schweigen mit Menschen und mit Gott. Um die volle Bedeutung des einen zu lernen, müssen wir das andere üben und vertiefen.

In der Ordnung des Schweigens kommt zuerst das Schweigen des ausschließlich Zuhörenden, der weiblichen Passivität, das Schweigen, durch welches die Mitteilung des andern ,,er in uns" wird, das Schweigen tiefer Teilnahme. Es wird bedroht durch ein anderes Schweigen – das Schweigen der Gleichgültigkeit, das Schweigen der Teilnahmslosigkeit, welches annimmt, es gebe nichts, was ich durch Kommunikation mit dem andern mir wünschen oder erlangen kann. Dies ist das unheilschwangere Schweigen der Frau, die hölzern ihrem Mann zuhört, der die kleinen Dinge berichtet, die er ihr so dringlich erzählen möchte. Es ist das Schweigen des Christen, der das Evangelium mit der Einstellung liest, daß er es in- und auswendig kenne. Es ist das Schweigen des Steines – tot, weil es keine Beziehung zum Leben hat. Es ist das Schweigen des Missionars, der niemals das Wunder eines Fremden begriffen hat, dessen Zuhörer ein größerer Beweis von Liebe ist als die Haltung dessen, der redet. Ein Mensch, der uns zeigt, daß er den Rhythmus unseres Schweigens kennt, ist uns viel näher als einer, der glaubt, er wisse, wie man sprechen muß.

Je weiter der Abstand zwischen den beiden Welten ist, um so bemerkenswerter ist dieses Schweigen als ein Zeichen von Liebe. Das Schweigen eines Großstadtpriesters, der sich im Autobus den Bericht über eine kranke Ziege anhört, ist eine Gabe; es ist wahrlich die Frucht einer missionarischen Form von langwährender Übung in Geduld.

Es gibt keine größere Entfernung als die zwischen einem betenden Menschen und Gott. Nur wenn diese Entfernung dem Bewußtsein zu dämmern beginnt, kann sich das dankbare Schweigen geduldiger Bereitschaft entwickeln. Dies muß das Schweigen der Jungfrau vor dem Ave gewesen sein, das sie dazu befähigte, das ewige Vorbild des Offenseins für das Wort zu werden. Durch ihr tiefes Schweigen konnte das Wort Fleisch werden.

Im Gebet des stillen Zuhörens und nirgends sonst kann der Christ die Gewohnheit dieses ersten Schweigens erwerben, aus dem das Wort in einem fremden Kulturkreis geboren werden kann. Dieses im Schweigen empfangene Wort wächst auch im Schweigen.

Ein zweiter großer Abschnitt in der Grammatik des Schweigens ist das Schweigen der Jungfrau, nachdem sie das Wort empfangen hatte — das Schweigen, aus dem weniger das *Fiat* als das *Magnificat* geboren wurde. Es ist das Schweigen, welches eher das empfangene Wort nährt, als daß es den Menschen der Empfängnis erschließt. Es ist das Schweigen, welches den Menschen in sich selber verschließt, damit er das Wort für andere vorbereiten kann. Es ist das Schweigen des Abstimmens; das Schweigen, in welchem wir den richtigen Augenblick erwarten, damit das Wort in die Welt geboren werde.

Auch dieses Schweigen ist bedroht, nicht durch Eile und die entweihende Wirkung vielfältiger Geschäftigkeit, sondern durch die Angewohnheit verbaler Konfektion und Massenproduktion, die dafür keine Zeit hat. Es ist bedroht von dem billigen Schweigen, welches meint, ein Wort sei so gut wie ein anderes, und Wörter bedürften keiner Pflege.

Der Missionar oder Ausländer, der Wörter so benutzt, wie sie im Wörterbuch stehen, kennt dieses Schweigen nicht. Er ist ein Mann, der in sich selbst englische Wörter nachschlägt, wenn er deren spanische Entsprechung finden möchte, anstatt das Wort zu suchen, das zur Wellenlänge paßt; anstatt das Wort oder die Geste oder das Schweigen zu finden, welche die andern verstehen würden, selbst wenn es dafür in seiner eigenen Sprache, Kultur oder Umwelt keine Entsprechung gibt. Es ist der Mann, welcher der Saat einer neuen Sprache keine Zeit gewährt, auf dem fremden Boden seiner Seele einzuwurzeln. Dies ist ein Schweigen *vor* Wörtern oder *zwischen* ihnen; das Schweigen, darin Wörter leben oder sterben. Es ist das Schweigen des langsamen, zögernden Gebetes; des Gebetes, in welchem Wörter den Mut haben, in einem Meer von Schweigen zu schwimmen. Es steht im diametralen Gegensatz zu andern Formen des Schweigens vor Wörtern: dem Schweigen der künstlichen Blume, welche als Erinnerung an Wörter dient, die nicht wachsen, der Pause vor der Wiederholung. Es ist das Schweigen des Missionars, der darauf wartet, den nächsten angelernten Gemeinplatz auszusprechen, weil er sich nicht die Mühe gemacht hat, in die lebendige Sprache anderer einzudringen. Das Schweigen vor Wörtern steht auch im Gegensatz zu dem Schweigen dräuender Aggressivität, das man schwerlich Schweigen nennen kann. Auch das ist eine Pause, die der Vorbereitung von Wörtern dient, aber es sind Wörter, die eher teilen als zusammenführen. Dies ist das Schweigen, dem der Missionar zuneigt, der an der Vorstellung festhält, daß nichts von dem, was er sagen möchte, auf spanisch etwas bedeute. Es ist das Schweigen, in welchem eine verbale Aggression — mag sie auch verschleiert sein — die nächste vorbereitet.

Den nächsten großen Abschnitt in der Grammatik des Schweigens wollen wir das Schweigen *jenseits* der Wörter nennen. Je weiter wir gehen, um so weiter entfernen sich in jeder Kategorie gutes und schlechtes Schweigen voneinander. Jetzt haben wir das Schweigen erreicht, das kein weiteres Gespräch mehr vorbereitet. Es ist das Schweigen, welches alles gesagt hat, weil es nichts mehr zu sagen gibt. Dies ist das Schweigen jenseits eines endgültigen Ja und eines endgültigen Nein. Dies ist das Schweigen der Liebe jenseits der Wörter oder das Schweigen des Nein für immer, das Schweigen von Himmel und Hölle. Es ist die endgültige Haltung eines Menschen, der dem Wort begegnet, welches Schweigen ist.

Hölle ist dieses Schweigen, tödliches Schweigen. In diesem Schweigen ist ein anderer Tod als in dem Totsein des Steins, dem das Leben gleichgültig ist, oder als in dem Totsein einer gepreßten Blume, der Erinnerung ans Leben. Es ist der Tod nach dem Leben, eine ständig gelebte Ablehnung des Lebens. In diesem Schweigen kann es Lärm und Erregung und viele Wörter geben. Es hat nur eine Bedeutung, welche den Geräuschen, die es macht, und den Lücken gemeinsam ist: Nein.

Auf eine Weise bedroht dieses Schweigen der Hölle die missionarische Existenz. In der Tat stehen mit den ungewöhnlichen Möglichkeiten, durch Schweigen Zeugnis abzulegen, dem Mann, der in einer Welt, welche nicht die seine ist, mit dem Wort beauftragt ist, eine ungewöhnliche Fähigkeit des Zerstörens zu Gebote. Missionarisches Schweigen riskiert mehr: es riskiert, zur Hölle auf Erden zu werden. Schließlich ist missionarisches Schweigen ein Geschenk, ein Geschenk des Gebets — erlernt im Gebet von einem unendlich Fernen, unendlich Fremden und erfahren in der Liebe zu Menschen, die viel ferner und fremder sind, als jemals Menschen zuhause waren. Der Missionar kann wohl vergessen, daß sein Schweigen ein Geschenk ist, ein im tiefsten Sinne umsonst gegebenes Geschenk, ein Geschenk, das uns ganz konkret von denen übermittelt wird, die bereit sind, uns ihre eigene Sprache zu lehren. Vergißt der Missionar dies, und versucht er, aus eigener Kraft das zu erobern, was nur andere verleihen können, dann beginnt sein Dasein bedroht zu werden. Wer Sprache wie einen Anzug zu kaufen versucht; wer die Sprache durch die Grammatik zu erobern versucht, damit er sie „besser als die

Eingeborenen hier" spreche; wer die Analogie zwischen dem Schweigen Gottes und dem Schweigen anderer vergißt und sich nicht um dessen Wachstum im Gebet bemüht – der versucht im Grunde, die Kultur, in die er entsandt wird, zu vergewaltigen, und muß dann mit entsprechenden Reaktionen rechnen. Ist er überhaupt ein Mensch, so wird er merken, daß er sich in einem seelischen Gefängnis befindet, doch wird er nicht zugeben, daß er dieses selber um sich herum errichtet hat; vielmehr wird er andere anklagen, daß sie seine Kerkermeister seien. Die Mauer zwischen ihm und denen, zu denen er gesandt wurde, wird immer undurchdringlicher. Solange er sich als „Missionar" betrachtet, wird er wissen, daß er frustriert ist; daß er geschickt wurde, aber nirgendhin gelangt ist; daß er von Hause fort, aber nirgendwo gelandet ist; daß er seine Heimat verlassen, aber niemals eine andere erreicht hat.

Er predigt weiter und wird mehr und mehr gewahr, daß er nicht verstanden wird, weil er in einer fremden Parodie auf seine eigene Sprache redet. Weiterhin „tut er etwas für Leute" und hält diese für undankbar, weil sie begreifen, daß er diese Dinge tut, um sein Ich zu füttern. Seine Worte werden zum Hohn auf Sprache, werden Ausdruck des Todesschweigens.

Es erfordert großen Mut, an diesem Punkte umzukehren zu dem geduldigen Schweigen der Teilnahme oder zu der Feinfühligkeit des Schweigens, in welchem Wörter wachsen. Aus Dumpfheit ist Stummheit erwachsen. Aus der Angst davor, sich der Schwierigkeit zu stellen, daß man spät im Leben nochmals versucht, eine Sprache zu lernen, wird häufig die Gewohnheit der Verzweiflung geboren. Das Schweigen der Hölle – eine typisch missionarische Spielart davon ist in seinem Herzen geboren worden.

Am Gegenpol der Verzweiflung befindet sich das Schweigen der Liebe, das Händehalten der Liebenden. Das Gebet, in welchem die Unbestimmtheit vor Wörtern der reinen Leere nach ihnen gewichen ist. Die Form der Kommunikation, welche die einfältige Tiefe der Seele öffnet. Sie kommt in Blitzen und kann zu einem ganzen Leben werden – im Gebet ebenso wie im Umgang mit Menschen. Vielleicht ist das die einzige, wirklich universale Seite der Sprache, das einzige Mittel der Kommunikation, das nicht von dem Fluch von Babel getroffen worden ist. Vielleicht ist es die einzige Weise, mit andern und mit dem Wort zusammen zu sein, bei der wir keinen fremden Akzent mehr haben.

Es gibt noch ein Schweigen jenseits der Wörter, das Schweigen der Pietà. Es ist nich ein Todesschweigen, sondern das Schweigen des

Todesmysteriums. Es ist nicht das Schweigen aktiver Fügung in den Willen Gottes, aus dem das *Fiat* geboren wird, noch ist es das Schweigen männlicher Fügung in Gethsemane, in welcher der Gehorsam wurzelt. Das Schweigen, welches ihr Missionare in dieser spanischen Umwelt zu erlangen sucht, ist das Schweigen jenseits von Verwirrung und Fragen; es ist das Schweigen jenseits der Möglichkeit einer Antwort oder auch nur des Bezuges auf ein vorangegangenes Wort. Es ist das geheimnisvolle Schweigen, durch welches der Herr in das Schweigen der Hölle hinabfahren konnte, die von Frustrierung freie Hinnahme eines Lebens, nutzlos und für Judas vergeudet, ein Schweigen frei gewollter Ohnmacht, durch welche die Welt gerettet wurde. Geboren, die Welt zu erlösen, war Mariens Sohn durch die Hand seines Volkes gestorben, verlassen von Seinen Freunden und verraten von Judas, den Er liebte, aber nicht retten konnte – schweigende Kontemplation des höchsten Paradoxons der Fleischwerdung, die für die Erlösung wenigstens *eines* persönlichen Freundes nutzlos war. Die Öffnung der Seele für dieses letzte Schweigen der Pietà ist der Höhepunkt des langsamen Reifens der drei vorherigen Formen missionarischen Schweigens.

# Nicht Ausländer,
# aber Fremde

*Von 1951 bis 1956 habe ich in New York als Priester in der Incarnation-Pfarrei auf der West Side von Manhattan gelebt. Damals wurden Puertoricaner in Massen in die Mietskasernen zwischen Amsterdam Avenue und dem Broadway verlegt. Sie verdrängten viele Familien, die eine Generation vorher von Irland direkt in diesen Stadtteil gezogen waren. Ich wurde in den unvermeidlichen Konflikt zwischen diesen Menschen und auch in die Kontroverse über dessen Sinn verwickelt.*

*Als Neuling in den USA war ich überrascht zu sehen, wie die New Yorker, vom Drugstore-Besitzer bis zum Bürgermeister, bereitwillig auf Klischees zurückgriffen, um daran ihre politischen Entscheidungen zu orientieren. Soweit es sich überhaupt lohnte, die Puertoricaner zu verstehen, konnte man das, so meinten sie anscheinend, mit alten Kategorien tun, die für frühere Gruppen von Einwanderern gegolten hatten. Was für Polen oder Italiener ausgereicht hatte, müßte auch für Puertoricaner passen.*

*Damals versuchte ich, der Tatsache Anerkennung zu verschaffen, daß die puertoricanische Einwanderung mindestens für die römisch-katholische Kirche ein beispielloses Phänomen darstellte. Erstaunlicherweise fand ich in Kardinal Spellman einen wißbegierigen Zuhörer für meine Auffassung.*

Nachdem 1924 die Einwandererquoten eingeführt worden waren, sah es so aus, als ob der Prozeß der Einschmelzung in New York City endlich mit der Zahl von Menschen Schritt halten könnte, die in den Kessel geworfen wurden. Dann erlebte die Stadt Ende der vierziger Jahre als neue Herausforderung eine Invasion von amerikagebürtigen „Ausländern", den Puertoricanern. Zu Vito Marcantonios Blütezeit (1943) gab es in New York weniger als 35 000 Puertoricaner; heute (1956) sind es mehr als eine halbe Million, und es gibt Anzeichen dafür, daß die Völkerwanderung ihren Höhepunkt noch nicht erreicht hat.

Diese Puertoricaner sind nicht Ausländer, sind aber gleichwohl fremder als die meisten früheren Einwanderer. Über dieses Paradoxon sollten die Wohlmeinenden wohlinformiert sein; denn jemanden nur deshalb freundlich aufzunehmen, weil er Ausländer ist, stellt eine kalte Art von Herablassung dar. Der Mann, der dich so empfängt, ist wahrscheinlich entschlossen, dich niemals richtig kennenzulernen.

Wenn einerseits jemand dich ständig als Ausländer bezeichnet, so schließt er damit gewöhnlich jede Möglichkeit aus, die Eigentümlichkeit deiner Gruppe schätzen zu lernen — abgesehen von der Tatsache, daß es nicht seine eigene Gruppe ist. Wenn er andererseits Paulus' Weisung, den Juden Jude und den Griechen Grieche zu sein, mißversteht und dir mit der Auffassung begegnet „Wir alle sind Amerikaner!", so leugnet er dein und sein Recht auf ein Erbe: Mensch zu sein mit Wurzeln, die weit in die Geschichte zurückreichen.

Dieser Trugschluß liegt der Einstellung vieler wohlmeinender Leute gegenüber den Einwanderern aus Puerto Rico zugrunde: sollen sie doch tun, was Iren oder Italiener getan haben; sollen sie allmählich durch ihre nationalen Pfarreien, territorialen Gettos und politischen Apparate zu voller „Amerikanisierung" gelangen; sollen sie lautstark versichern, daß sie ebenso gute Amerikaner sind wie ihr Nachbar. Diese Einstellung ist in New York sehr verbreitet, wo das Eintreffen weiterer Einwanderungswellen als ganz natürlich angesehen wird.

Der Fürsorger, der zu José Rivera sagt: „Meine Eltern haben die gleiche Erfahrung gemacht", lügt weder noch spricht er aus Fremdenfeindlichkeit. Er mißversteht ihn lediglich genauso wie der Politiker, der abermals die Methoden anzuwenden sucht, die sich bewährt hatten, als in Harlem italienisch gesprochen wurde.

Als ein Jahrhundert früher die Iren und Deutschen hier eintrafen, wurde New York City mit einer vordem nie erfahrenen und in diesem Umfang sich nie wiederholenden Herausforderung konfrontiert. 1855 bestand ein Drittel der Bewohner New Yorks (500.000) aus Einwanderern, die innerhalb der vorhergegangenen zehn Jahre eingetroffen waren; im Verhältnis dazu scheint ein Fünfzehntel der Stadtbevölkerung unbedeutend, das 1955 die unmittelbar vorher eingewanderten Puertoricaner ausmachten. Es waren wiederum 500.000.

Solange der Zustrom stark war, trafen in Amerika Einwanderer in einer Welle nach der andern ein, faßten Fuß und gewöhnten sich an die neuen Lebensformen. Die Neukömmlinge sprachen verschiedene Sprachen, beteten in verschiedenen Kirchen, kamen aus verschiedenen Klimazonen, freiten auf verschiedene Weise, aßen verschiedene Gerichte und sangen verschiedene Lieder. Unter diesen sichtbaren Unterschieden hatten sie aber vieles gemeinsam. Sie stammten aus der Alten Welt und trafen als Flüchtlinge oder Siedler ein, um Amerikaner zu werden und es für immer zu bleiben. Sie brachten ihre eigenen Geistlichen mit – Rabbiner, Priester oder Pastoren – und dazu aus vergangenen Zeiten die Symbole, die ihnen gehörten: Sankt Patrick, die Mafia oder Loretto ebenso wie den Turnverein. Sie ließen sich in bestimmten Teilen der Stadt nieder und blieben jahrelang für sich, bis sie sich trauten, an dem für sie alle neuen Erlebnis, dem Leben in einer pluralistischen Gesellschaft, teilzunehmen. Sie paßten sich einer gemeinsamen Form an, und so ist es nicht verwunderlich, daß diejenigen, welche lange genug hier waren, um sich als Teil einer gefestigten Schicht zu begreifen, sich daran gewöhnten, von vornherein anzunehmen, daß jede neu hereinkommende Gruppe ihrer eigenen entspreche. Tatsächlich war diese Annahme bis nach dem Zweiten Weltkrieg begründet; nur zwei Gruppen bildeten eine Ausnahme, die Orientalen und die Neger aus dem Süden.

Dann trafen plötzlich die Puertoricaner in Massen ein. Noch nie hatte New York eine solche Invasion erlebt, eine Invasion von Amerikanern, die aus einem älteren Teil der Neuen Welt nach New York kamen, das übrigens schon längst, ehe Henry Hudson Manhattan entdeckte, Teil der Diözese San Juan de Puerto Rico gewesen war. New York aber hatte es noch niemals mit geborenen amerikanischen Bürgern zu tun gehabt, die in der Schule Englisch als Fremdsprache gelernt hatten.

Diese seltsamen Amerikaner waren Söhne eines katholischen Landes, wo seit Jahrhunderten Sklaven Zuflucht gefunden hatten, wo die Bevölkerung von reichlich zwei Millionen ganz überwiegend aus

Weißen besteht, wo aber ein Unterschied in der Hautfarbe weder dem Erfolg noch der Eheschließung im Wege steht. Und doch war dies die erste aus Übersee nach New York gekommene größere Gruppe, der man das Etikett „Farbige" aufklebte, viel weniger wegen ihrer rassischen Herkunft als wegen des ahnungsvoll empfundenen großen Unterschiedes zwischen ihnen und früheren Ankömmlingen.

Dies war ein neuer Typ von Einwanderern: nicht ein Europäer, der seine Heimat endgültig verlassen hatte und sich bemühte, Amerikaner zu werden, sondern ein amerikanischer Staatsbürger, der zwischen zwei Ernten herkommen und für die Ferien nach Hause fahren mochte, wobei er einen Wochenlohn für ein Lufttaxi ausgab. Es war niemand, der vor rassischer oder religiöser Verfolgung im eigenen Lande geflohen war, sondern das Kind von „Eingeborenen" in einer spanischen Kolonie oder vielleicht der Nachfahr eines spanischen Kolonialbeamten. Nicht ein Mensch, der von Männern seines Volkes – Priestern, Politikern, Rebellen oder Professoren – geführt zu werden gewohnt war, sondern der seit vierhundert Jahren Untertan in einem von Ausländern – erst von Spaniern, dann von Amerikanern – verwalteten Gebiet gewesen und erst unlängst selbständig geworden war.

Der Neukömmling aus Puerto Rico war nicht Christ aus eigenem Recht, der den Glauben von den Söhnen seines Nachbarn empfangen hatte, sondern die Frucht missionarischer Arbeit, wie sie für das spanische Imperium typisch war. Er war Katholik und Sohn katholischer Eltern, empfing aber die Sakramente von einem Ausländer, weil die Regierung fürchtete, die Ausbildung Eingeborener zu Priestern könnte die Ausbildung politischer Rebellen bedeuten.

Sogar die äußere Erscheinung der Welt, aus der er kam, war anders. Er war ein Mensch von einer Insel, wo die Natur versorgt und Freund ist, wo Feldarbeit viel eher Ernte als Aussaat bedeutet. Lehnt sich die Natur alle paar Jahrzehnte einmal auf, so ist er hilflos; in den Hurrikanen kann er nur den Finger Gottes sehen.

Bis vor kurzem glaubte niemand, der sich auf Puerto Rico ein Haus baute, daß es die Elemente überleben oder dank einer Klimaanlage der Witterung widerstehen könnte. Welch ein Unterschied vom Polen und Sizilianer, die beide Häuser bauten, welche der Natur, dem Klima und der Zeit widerstehen sollten; die beide Häuser bauten, um damit ihr Leben von dem der Natur zu trennen. Der eine kam vielleicht aus der russischen Steppe oder einem Getto und der andere aus einem Olivenhain am Meer, aber beide wußten, was der Winter war. Sie wußten, daß ein Haus dazu da war, einen vor der Kälte zu schützen, ein Innenraum, in dem man sich ein Heim schuf. Für den Polen und den Sizilianer war es leicht, sich in Mietshäusern einzurichten und dort beengt zu leben. Die neuen Einwanderer aus den Tropen aber kannten keinen Winter. Das Heim, das sie verlassen hatten, war eine Hütte, *in* der man schlief, aber *um* die herum man mit seiner Familie lebte. Die Hütte war Mittelpunkt seiner täglichen Verrichtungen, nicht deren Grenze. In ein Mietshaus zu kommen, Heizung zu benötigen und Glas für die Fenster, Mißfallen zu erregen, weil man dazu neigte, jenseits der eigenen Tür zu leben – das alles stand im Widerspruch zu den Lebensgewohnheiten des Puertoricaners und war für ihn genau so überraschend, wie es für den New Yorker überraschend ist zu erkennen, daß diese Grundvoraussetzungen seines Lebens für irgendwelche Einwanderer überraschend sein können.

Das neue Puerto Rico von 1956 ist übersät mit Betonhäusern und erlebt täglich die Eröffnung einer neuen Fabrik. Es ist ein Experimentierfeld für die fortschrittlichsten Formen des Zusammenlebens, und nirgends sonst in der Welt gehen Analphabetismus und Sterblichkeit so schnell zurück. Dennoch dürfen uns diese Tatsachen nicht annehmen lassen, daß sich die herkömmliche Betrachtungsweise der Bevölkerung verändert habe oder morgen verändern werde. Diese materiellen Verbesserungen sind das unglaubliche Ergebnis des ersten Jahrzehnts von Munoz Marins Regierungstätigkeit, doch löschen sie die Vergangenheit der Insel nicht aus, noch sollen sie aus San Juan einen Vorort von New York machen.

Die Unterschiede zwischen der puertoricanischen Einwanderung und dem Zustrom von Europäern sind grundlegender Art. Trotz seiner kurzen Geschichte steht Puerto Rico Europa, mit dem der Einwanderer so oft in einen Topf geworfen wird, fremder gegenüber als Amerika. Diese Verschiedenheit erklärt einen großen Teil der besonderen Verhaltensmerkmale der Puertoricaner in New York, und die mangelnde Kenntnis dieser Verschiedenheit erklärt viele Mißverständnisse seitens der alten New Yorker.

So mancher Puertoricaner verläßt seine Insel nicht mit dem klaren Vorsatz, sich auf dem Festland anzusiedeln. Wie kann ein Mann, der aus einer augenblicklichen Eingebung heraus abreist, in New York rasch einige Dollar verdienen möchte und zurückkehren will, sobald er genug verdient hat, um sich einen Laden zu kaufen – wie kann ein solcher Mann in New York Wurzeln schlagen? Ich erinnere mich einer

Frau, die verzweifelt war, weil ihr Mann mit seiner Machete auf dem Weg auf das Zuckerrohrfeld verschwunden war. Sie glaubte natürlich, eine Rivalin habe ihn ihr abspenstig gemacht. Eine Woche später bekam sie eine Geldanweisung aus Chicago. Unterwegs zum Zuckerrohrfeld war er Werbern begegnet und hatte beschlossen, sein Glück zu versuchen — und deshalb war er nicht zum Abendessen nach Hause gekommen. Wie kann in einem solchen Fall, wenn ein Mann in New York „hereinschaut", gar nicht bleiben, sondern schließlich „heimkehren" will, der Durchreisende auf seine Umgebung in New York die gleiche Wirkung ausüben wie die alten Einwanderer, die für immer kamen? Dabei entspricht die Statistik der Einwanderung von der Insel genau der Entwicklung am Arbeitsmarkt auf dem Festland. Gibt es wenig Arbeit, so erhöht sich der Rückfluß entsprechend. Viele haben noch nach jahrelangem Aufenthalt in New York das Gefühl, daß sie des Geldes wegen dort hängengeblieben sind.

Mit der Ankunft von Hunderttausenden aus Puerto Rico und andern mittelamerikanischen Staaten (schätzungsweise stammt ein Viertel der lateinamerikanischen Bevölkerung von New York nicht aus Puerto Rico) hat die Stadt nicht nur eine neue Sprache, sondern auch einen neuen Lebensstil gewonnen. Anstatt der Fremden mit nur einer ausländischen Sprache, die früher erschöpft von der langen Reise eintrafen, treffen jetzt amerikanische Bürger, die alle ein wenig Englisch sprechen, sechs Stunden nach dem Abflug von ihrer tropischen Insel im Flugzeug in New York ein.

Die alten Einwanderer siedelten sich in nationalen Vierteln an; die neuen transatlantischen Pendler breiteten sich über die ganze Stadt aus. Zehn Jahre nach Beginn des puertoricanischen Massenzustroms trifft man schon überall in New York auf Spanisch. Im Gegensatz zu den europäischen Einwanderern können alle Puertoricaner etwas Englisch, und das machte etwas aus, doch hat noch ein anderer Faktor dazu beigetragen, daß die Lateinamerikaner sich so über alle Stadtviertel ausgebreitet haben. Wenn früher eine Gegend zum Mittelpunkt der jüngsten Gruppe von Einwanderern wurde, so waren das entweder schon Slums, oder die Gegend war auf dem Wege dorthin. Sobald ein Viertel heruntergekommen war, wurde es fast niemals saniert. Die große Einwanderung aus Puerto Rico setzte nach dem Zweiten Weltkrieg ein und hatte als Ursachen billige Luftverkehrsmittel, die Bekanntschaft mit dem Festland, die viele während ihrer Militärzeit gemacht hatten, bessere Bildungsmöglichkeiten unter den neuen politischen Verhältnissen auf der Insel und nicht zuletzt den wachsenden Druck einer Bevölkerung, die sich seit

Anfang des Jahrhunderts mehr als verdoppelt hat. Gleichzeitig leitete New York sein großes Slum-Sanierungsprogramm ein, und als erste Häuserblocks wurden fast immer diejenigen abgerissen, in denen sich die letzten und ärmsten Einwanderer gerade eingerichtet hatten. Die Folge war, daß man anfing, die Puertoricaner allenthalben in der Stadt in neue Bauvorhaben ohne Diskriminierung umzusiedeln.
Angesichts dieser Zerstreuung und der Neigung, inzwischen auf die Insel zurückzukehren, ist es nicht weiter verwunderlich, daß es kaum nationale Viertel der Puertoricaner im herkömmlichen Sinne gibt. Das führt einmal dazu, daß es den Puertoricanern schwerfällt, örtlich eingewurzelte Führer ihrer eigenen Gruppe zu gewinnen; entweder ist ihre Siedlungsdichte pro Stadtviertel zu dünn, oder es fehlt die Absicht, in dem Viertel zu bleiben, oder es besteht kaum die Notwendigkeit, sich mit seinesgleichen zu organisieren, weil alle Bürger sind, die wenigstens etwas Englisch verstehen und den amtlichen Schutz des Arbeitsamtes der Inselregierung genießen. Dieses ist der erste Fall eines ,,Konsulats für amerikanische Staatsangehörige". Zweifellos beruht der verbreitete Mangel an eigenen Führern in den einzelnen Stadtvierteln teilweise auch darauf, daß es infolge der jahrhundertelangen Kolonialverwaltung eine Führungstradition gar nicht gibt.
Eine Führung innerhalb der eigenen Gruppe zu finden, fällt daher den Puertoricanern in New York, sofern ihnen das nicht überhaupt mißlingt, schwerer als den Gruppen, die vor ihnen eingewandert sind. In einer Hinsicht verleiht ihnen dieser Umstand einen konkreten Vorteil gegenüber früheren Einwanderern, weil er sie beinahe zwingt, sich an dem vorhandenen Gemeinwesen aktiv zu beteiligen. Andererseits erweist sich die plötzliche Herausforderung, an einem etablierten New Yorker Gemeinwesen teilzunehmen, als zu schwierig für viele, die innerhalb ihrer eigenen Gruppen sehr wohl hätten Führer werden können.
Wenn die New Yorker Politiker den im Vergleich zu früheren Erfahrungen mit Einwanderern besonderen Charakter dieser Einwanderung aus Puerto Rico nicht genügend berücksichtigen, so kann das dem Gemeinwesen ernsten Schaden zufügen, weil dadurch die neue Form von Anpassung, zu der es kommen muß, verzögert oder beeinträchtigt wird. Sollte ein solcher Mangel an Verständnis bei Führern der katholischen Kirche vorhanden sein, so könnte er den Seelen ernstlich schaden.
Gegenwärtig sind ein Drittel der getauften Katholiken in Manhattan und dem unteren Bronx spanisch-amerikanischer Herkunft. Die

Puertoricaner sind als erste katholische Gruppe mit einer eindeutig nichteuropäischen Tradition des Katholizismus an die Ostküste gekommen. Der von den kolonialen und imperialen Verhältnissen in mehr als vierhundert Jahren bedingte Mangel an einheimischen Priestern und ebenfalls die besondere Einstellung in einem Missionsgebiet haben das Verhalten der Puertoricaner als Katholiken tief geprägt.

Unbeschadet der ganz neuen Tendenz zu rascher Verstädterung ist die Mehrheit der Bewohner von Puerto Rico über die steilen Berghänge des Inselinnern verstreut, wo sie auf kleinen Lichtungen zwischen Bananenstauden und tropischen Bäumen leben, eine herrliche Aussicht haben, aber zu weit von der Kirche wohnen, um an jedem Sonntag zur Messe zu gehen. Üblicherweise gehen sie zur Kommunion bei den seltenen Gelegenheiten, wenn ein Priester sie in der Kapelle in ihrem Barrio besucht; viele Jahrzehnte lang mußten sie jedoch selber ihre Kinder taufen, weil der Priester nur selten kam. Unter solchen Umständen gehört der regelmäßige Besuch der sonntäglichen Messe nicht zum festen Bestandteil katholischer Praxis. Lebendige Bräuche der Tropen, eine feudalkoloniale Gesellschaftsordnung und das Zusammentreffen der indianischen, afrikanischen und europäischen Kulturen haben dabei eine Rolle gespielt. Die kanonische Vorschrift, derzufolge eine Ehe zwischen zwei Katholiken auch dann gültig ist, wenn sie nicht vor dem Priester geschlossen wurde, weil ein solcher in weniger als einem Monat nicht verfügbar war, hat die Menschen das Bedürfnis nach einem Priester vergessen lassen. Sie hat die Häufigkeit kirchlicher Eheschließungen nachteilig beeinflußt und tut das heute noch.

„Schlechte Angewohnheiten" wie diese sind nicht Anzeichen für ein Fehlen katholischer Sinnesart, sondern eher die Wirkung einer eigentümlichen Kirchengeschichte. Viele Katholiken in den USA sind daran gewöhnt, daß in nationalen Pfarreien eine große Vielfalt nationalen Brauchtums herrscht und daß es bei vielen Volksgruppen große Unterschiede in der Praxis gibt. Stoßen sie nun bei den Puertoricanern auf einen Mangel an „praktiziertem" Glauben, so könnten sie versucht sein, diese mit einer andern ausländischen Gruppe gleichzusetzen, bei der unterschiedliche Vorbedingungen ein ähnliches Verhalten hervorgerufen haben, oder könnten überhaupt bestreiten, daß die Puertoricaner Katholiken seien. Für jeden aber, der die Atmosphäre der Insel erlebt hat, ist es unzweifelhaft, daß dies eine katholische Kultur ist. Kinder, die vielleicht niemals zur Erstkommunion gehen, erbitten jedesmal, ehe sie das Haus verlassen, den Segen ihrer Eltern. Menschen, die vielleicht niemals im Katechismus unterwiesen wurden, rufen fromm unsern Herrn oder die Jungfrau Maria an, füllen ihr Heim mit Heiligenbildern und bekreuzigen sich, ehe sie aus dem Hause gehen. Auch der Umstand, daß ein Mann sich weigert, in der Kirche zu heiraten, spricht manchmal eher für als gegen sein Katholikentum; er möchte sich durch eine kirchliche Heirat nicht für immer binden.

In Puerto Rico erweitert sich Gottes Haus über die Kirche hinaus auf die Plaza. Nicht nur Prozessionen oder Posedas benötigen das Draußen als Fortsetzung der Kirche, sondern oft ist auch die Kirche zu klein, so daß große Scharen an der Messe teilnehmen, indem sie durch Fenster und Türen hineinblicken. Sofern sein Nachbar auf dem Festland nicht begreift, welche verschiedene Bedeutung „Familie", „Kirche" und „Heim" für einen Menschen aus den Tropen haben, wird er auch nicht begreifen, warum José auf seiner Schwelle Gitarre spielt oder warum Maria während der Messe von einem Standbild zum andern wandert, um mit den Heiligen zu plaudern, oder daß sie vielleicht erst nach dem Gottesdienst in die Kirche geht, weil sie die steife Haltung der Mesner stört.

Das alles lehrt, daß die Puertoricaner sich für ihre Eigenart einigen Respekt verschaffen müssen. Was sie brauchen, ist nicht ein Mehr an Hilfe, sondern ein Weniger an Einordnung in frühere Kategorien; und sie brauchen Verständnis. Nur dann werden sie imstande sein, den einzigartigen kulturellen, politischen und wirtschaftlichen Beitrag zu leisten, zu dem sie berufen zu sein scheinen: die spanisch-christliche Tradition, ein selbstverständlicher Katholizismus, eine ungemein christliche Einstellung zur Rassenmischung, eine unbefangene und schlichte Betrachtungsweise, wie sie den Tropen eigentümlich ist, eine neue Art von politischer Freiheit in ihrer Beziehung zu den Vereinigten Staaten, eine Brücke zwischen den Hemisphären in politischer und kultureller ebenso wie in wirtschaftlicher Hinsicht – das sind nur einige Vorzüge, welche die Massenwanderung von Puertoricanern auf das amerikanische Festland für New York und die Vereinigten Staaten erbringen kann.

# Gewalt: Ein Spiegel
für Amerikaner

*Der Zwang, Gutes zu tun, ist ein ausschließlich amerikanischer Charakterzug. Nur Nordamerikaner scheinen zu glauben, daß sie jederzeit irgendjemand aussuchen sollen und können, damit er an ihrem Wohlergehen teilhabe. Diese Einstellung führt schließlich dazu, daß man Menschen durch Bombardement zur Annahme von Gaben zwingt.*

*Anfang 1968 versuchte ich hartnäckig, einigen meiner Freunde dieses Bild der Amerikaner im Ausland verständlich zu machen. Ich sprach hauptsächlich zu Opponenten, die mit der Vorbereitung des Marsches auf das Pentagon beschäftigt waren. Ich wollte, daß sie eine schwere Sorge mit mir teilten: die Sorge, daß die Beendigung des Krieges in Vietnam es Falken und Tauben gestatten würde, sich zu einem verheerenden Krieg gegen die Armut in der Dritten Welt zusammenzutun.*

Weil der Krieg gegen die Armut in gewissem Sinne gescheitert ist und Unruhen in den Städten zur Folge gehabt hat, begreifen die Amerikaner allmählich die Gründe, aus denen die Allianz für den Fortschritt gescheitert und in ihrem Gefolge drohenden Aufruhr hervorgerufen hat. Beides hängt damit zusammen, daß es nicht gelungen ist, Herzen und Sinne der Völker Asiens durch einen Aufwand an Geld und Menschenleben zu gewinnen, in welchem Amerikaner den Ausdruck heroischen Großmuts bei der Verteidigung Südvietnams erblicken.

Das Scheitern in Harlem, Guatemala und Vietnam hat eine gemeinsame Wurzel. Alle drei Fehlschläge beruhen darauf, daß das amerikanische Evangelium von massiver materieller Leistung dort bei der ganz überwiegenden Mehrheit der Bevölkerung keinen Glauben findet. Ich glaube, wenn die Amerikaner begriffen, wie Lateinamerikaner oder Asiaten das nordamerikanische Wohlwollen verstehen, so würden sie imstande sein zu begreifen, was das Problem ihrer eigenen Slums bedeutet. Das könnte sogar dazu führen, daß man eine neue und wirksamere Politik ins Auge faßt.

Ich habe im Umgang mit Studenten in Cuernavaca Gelegenheit gehabt, dieses wachsende Bewußtsein einer gemeinsamen Wurzel des Scheiterns zu beobachten. Im dortigen Zentrum für interkulturelle Dokumentation haben wir seit zwei Jahren eine Reihe von Kursen abgehalten, in denen wir das Erlebnis der Armut in kapitalreichen und kapitalarmen Gesellschaften verglichen haben. Wir haben erlebt, welchen Schock es für viele Amerikaner, die sich im Krieg gegen die Armut engagiert haben, zunächst bedeutete, wenn sie Lateinamerika beobachteten und studierten und sich zum ersten Mal klarmachten, daß es einen Zusammenhang der Randständigkeit von Minderheiten zuhause und der Randständigkeit der Massen in Übersee gibt. Ihre gefühlsmäßige Reaktion geht gewöhnlich tiefer als die verstandesmäßige Einsicht, auf der jene beruht. Wir haben mehr als einmal erlebt, wie ein Mann sein Gleichgewicht verlor, als ihm plötzlich der Glaube verloren ging, der bis dahin dieses Gleichgewicht getragen hatte, nämlich der Glaube: „Der *American way* ist die Lösung für alles." Für jeden guten Menschen, ob er nun Sozialpfleger in Watts ist oder sich als Missionar auf dem Weg nach Bolivien befindet, bedeutet es Schmerz und Schrecken zu erkennen, daß neunzig Prozent der Menschheit in ihm den ausbeuterischen Außenseiter sehen, der seine Privilegien dadurch abstützt, daß er einen trügerischen Glauben an die Ideale von Demokratie, Chancengleichheit und freiem Unternehmertum unter Menschen verbreitet, die aber auch nicht die geringste Möglichkeit haben, aus diesen Idealvorstellungen Nutzen zu ziehen.

Im derzeitigen Stadium des Krieges in Vietnam sind die Symptome der Gewalt zu schrecklich, um eine klare Analyse der Ursachen, welche sie hervorbringen, zu ermöglichen. Es ist daher wichtiger, die Aufmerksamkeit in den Vereinigten Staaten auf die beiden andern Programme zu konzentrieren: auf den Krieg gegen die Armut und auf die Allianz für den Fortschritt. Das eine ist ein Krieg, den Sozialpfleger führen; das andere ist ein Bündnis, welches in zwei Dritteln aller lateinamerikanischen Länder Militärregime an der Macht erhalten oder an die Macht gebracht hat. Beide sind den besten Absichten entsprungen, beide gelten heute als Befriedungsprogramme, beide gehen schwanger mit Gewalt.

Der Krieg gegen die Armut zielt auf die Einbeziehung der sogenannten unterprivilegierten Minderheiten in den Vereinigten Staaten in den Hauptstrom des *American way of life*. Die Allianz für den Fortschritt zielt auf die Einbeziehung der sogenannten unterentwickelten Länder Lateinamerikas in die Gemeinschaft der Industrienationen. Beide Programme waren darauf angelegt, daß die Armen am amerikanischen Traum teilhaben sollten. Beide Programme sind gescheitert. Die Armen weigerten sich, auf Befehl zu träumen. Der Befehl zu träumen und das Geld, das sie bekamen, machte sie nur aufsässig. Gewaltige Beträge wurden bereitgestellt, um die Minderheiten in den USA und die lateinamerikanischen Mehrheiten auf den Weg der Einbeziehung in ein Bürgertum nordamerikanischer Art zu führen: die Welt der Collegeausbildung, allgemeiner Verbraucherkredite, die Welt der Haushaltmaschinen und Versicherungspolicen, die Welt des Kirchen- und Kinobesuchs. Ein Heer von großmütigen Freiwilligen ergoß sich in die Gettos von New York und in die Dschungelschluchten Lateinamerikas und verbreitete den Glauben, der Amerika in Schwung hält.

Jetzt gehören der frustrierte Sozialpfleger und der ehemalige Freiwillige im Friedenskorps zu den wenigen Leuten, die dem Gros der Amerikaner klarmachen, daß die Armen recht haben, wenn sie die erzwungene Bekehrung zum amerikanischen Evangelium ablehnen. Nur sieben Jahre nachdem das große missionarische Unternehmen der Allianz vom Stapel gelaufen war, fordern Polizeitruppen daheim, Militärregierungen in Lateinamerika und die Armee in Vietnam mehr Geldmittel an. Jetzt aber ist deutlich, daß das Geld nicht benötigt wird, um den Armen aufzuhelfen, sondern um die schwachen Brückenköpfe des Bürgertums zu schützen, die von den wenigen Konvertiten gebildet werden, welche hie oder da aus dem *American way of life* Nutzen gezogen haben.

Vergleicht man diese drei Schauplätze nordamerikanischer Missionstätigkeit und Kriegführung, so tritt eine Binsenwahrheit zutage: die amerikanische Leistungs- und Konsumgesellschaft mit ihrem Zweiparteiensystem und ihrer allgemeinen Schulpflicht paßt vielleicht zu denen, die sie besitzen, aber jedenfalls nicht zu der übrigen Welt. Eine fünfzehnprozentige Minderheit daheim, die weniger als 3000 Dollar im Jahr verdient, und eine achtzigprozentige Minderheit im Ausland, die unter 300 Dollar im Jahr verdient, neigen dazu, gewaltsam auf Pläne zu reagieren, die sie zur Koexistenz mit dem Wohlstand bringen wollen. Jetzt ist es an der Zeit, der Bevölkerung der Vereinigten Staaten klarzumachen, daß die Lebensweise, für die sie sich entschieden haben, nicht lebendig genug ist, um andere daran teilhaben zu lassen. Vor acht Jahren habe ich dem verstorbenen Bischof Manuel Larrain, dem Vorsitzenden der lateinamerikanischen Bischofskonferenz, gesagt, ich sei nötigenfalls bereit, meine Kraft dafür einzusetzen, daß keine Missionare mehr nach Lateinamerika kämen. Seine Antwort klingt mir noch in den Ohren: „Sie mögen für uns in Lateinamerika nutzlos sein, aber sie sind die einzigen Nordamerikaner, die zu erziehen wir Gelegenheit erhalten. Das sind wir ihnen immerhin schuldig."

In diesem Augenblick kann weder die Verlockung von Geld noch die Macht der Überredung noch die bewaffnete Kontrolle etwas an der Aussicht ändern, daß es im Sommer in den Slums und im Laufe des Jahres in Guatemala, Bolivien oder Venezuela zu Gewalttätigkeiten kommen kann. In diesem Augenblick können wir jedoch untersuchen, inwieweit sich die Reaktionen auf die Politik der USA auf den drei wichtigsten Schauplätzen ihres Abwehrkrieges entsprechen — des Krieges, in dem sie ihre fast religiöse Überzeugung in Watts, Lateinamerika und Vietnam verteidigen. Im Grunde ist es derselbe Krieg, der an drei Fronten ausgetragen wird; es ist der Krieg, der „die westlichen Werte erhalten" soll. Ursprung und Gestalt gehen auf großmütige Motive und das hohe Ideal zurück, allen Menschen ein reicheres Leben zu bescheren. Da nun aber die bedrohlichen Begleitumstände dieses Ideals sichtbar zu werden beginnen, läuft das Unternehmen auf eine einzige zwingende Zielsetzung hinaus: es soll die Art zu leben und zu sterben schützen, welche der Wohlstand einigen sehr wenigen ermöglicht. Da aber diese Art nicht geschützt werden kann, ohne daß man sie ausbreitet, erklären die Wohlhabenden sie für allgemeinverbindlich. „Auf daß sie mehr haben".

erscheint jetzt in seiner eigentlichen Bedeutung: „Auf daß ich nicht weniger habe".

Auf allen drei Kriegsschauplätzen findet die gleiche Strategie Anwendung: Geld, Söldner, Lehrer. Geld aber kann in den Gettos nur einigen, einigen auch in Lateinamerika und einigen in Vietnam zugute kommen; die daraus folgende Konzentrierung importierter Vorteile auf eine kleine Zahl erfordert deren immer rigoroseren Schutz vor den vielen. Für die Mehrheit der Randexistenzen bedeutet das wirtschaftliche Wachstum ihrer Umwelt ein steigendes Maß von Frustrierung. Daher wird an allen drei Wohlstandsfronten das Gewehr wichtig, um den Leistenden zu schützen. In den Vereinigten Staaten gehen Polizeiverstärkungen Hand in Hand mit dem Auftreten von Banden bewaffneter Bürger. In Guatemala hatte der unlängst ermordete amerikanische Militärattaché gerade erst zugegeben, daß die amerikanische Botschaft bei der Bewaffnung rechtsstehender Provokateurtrupps behilflich ist, weil diese bei der Aufrechterhaltung der Ordnung tüchtiger (und jedenfalls grausamer) seien als die Armee.

Gleich hinter Geld und Gewehren taucht auf jedem Kriegsschauplatz der amerikanische Idealist auf: der Lehrer, der Freiwillige, der Missionar, der Gemeindeverwalter, der Wirtschaftshelfer. Solche Männer verstehen ihre Aufgabe als Dienst. In Wirklichkeit sind sie am Ende häufig damit beschäftigt, den Schaden zu mildern, den Geld und Waffen angerichtet haben, oder die „Unterentwickelten" zu den Segnungen der Welt von Wohlstand und Leistung zu verführen. Sie vor allem sind es, für die „Undankbarkeit" der bittere Lohn ist. Sie verkörpern den guten alten Charlie Brown: „Wie kann man verlieren, wenn man so ehrlich ist?"

Ich behaupte, daß von jetzt an, falls die gegenwärtige Tendenz andauert, die Gewalttätigkeit in Harlem, in Lateinamerika und in Asien sich in zunehmendem Maße gegen die ausländischen und einheimischen „Überredungskünstler" dieser Art richten wird. Die „Armen" werden immer häufiger ablehnen, daß das nordamerikanische System von Politik, Erziehungswesen und Wirtschaftsleben eine Antwort auf ihre Nöte gebe. Diese Ablehnung geht Hand in Hand damit, daß der Verkäufer des nordamerikanischen Sozialverhaltens den Glauben an seine eigenen Thesen immer mehr verliert. Unzufriedenheit, Hilflosigkeit und der ihm begegnende Zorn auf die Vereinigten Staaten haben die Stoßkraft des vormals arglosen Enthusiasten amerikanischer Mittel und Wege untergraben.

Ich behaupte, daß ausländische Götter (Ideale, Idole, Ideologien,

Überzeugungen und Werte) für die „Armen" anstößiger sind als die militärische oder wirtschaftliche Macht des Ausländers. Es ist aufreizender, sich zum Verbrauch eines überteuerten Zuckerwassers namens Coca-Cola verführt zu sehen, als sich hilflos darein zu fügen, dieselbe Arbeit wie ein Amerikaner zu tun, allerdings für den halben Lohn. Es ärgert einen Menschen mehr, einem Priester zuzuhören, der Sauberkeit, Sparsamkeit, Widerstand gegen Sozialismus oder Gehorsam gegenüber ungerechter Obrigkeit predigt, als die Herrschaft des Militärs hinzunehmen. Verstehe ich die gegenwärtigen Tendenzen richtig — und dessen bin ich gewiß —, so werden sich Gewaltausbrüche in den nächsten Jahren hauptsächlich gegen Symbole ausländischer Ideen richten und gegen den Versuch, diese zu verkaufen. Und ich fürchte, daß solche Ausbrüche, die im Grunde eine gesunde, wenn auch zornige und unruhige Ablehnung entfremdender Symbole sind, ausgenutzt werden und sich zu Haß und Verbrechen verhärten werden. Die Gewalttaten, zu denen es jüngst nach der Ermordung von Martin Luther King in Detroit, Washington und Cincinnati gekommen ist, zeigen, wie die Ungeduld der Gettobewohner in den Vereinigten Staaten durch den kleinsten Funken in Gewalttätigkeit und Vandalismus verwandelt werden kann.

Gewalttätigkeit deckt also ein breites Spektrum der Erfahrung: vom Ausbruch frustrierter Vitalität bis zur fanatischen Ablehnung entfremdender Idole. Es ist wichtig, diese Unterscheidung zu betonen. Es ist aber nicht leicht, diesen Unterschied deutlich zu erhalten, wenn denkende Menschen in den Vereinigten Staaten entsetzt sind über das herzlose Schlachten in Vietnam und fasziniert von der Unfähigkeit einer weißen Mehrheit, das Leben eines Volkes zu unterdrücken. Der nordamerikanische Durchschnittsstudent hat sich gefühlsmäßig so stark für Vietnam und die Gettos engagiert, daß es fast ein Tabu verletzt, wenn man ihn auf diesen Unterschied hinweist. Deshalb müssen wir jede erzieherische Bemühung begrüßen, welche es amerikanischen Studenten gestattet, auf dem dritten Schauplatz des Krieges gegen die Armut, in Lateinamerika, die Reaktionen auf den *American way of life* zu beobachten.

Im Spiegel Lateinamerikas kann man die Gewalttätigkeit in amerikanischen Gettos und an den Grenzen Chinas in ihrer neuen Bedeutung einer Ablehnung amerikanischer Werte erkennen. Aus jahrelanger Erfahrung im Umgang mit amerikanischen „Ideenverkäufern" in Cuernavaca weiß ich, daß diese Einsicht nur um einen hohen Preis zu erlangen ist. Es gibt keinen Ausweg aus einer Lebensweise, die auf einem Jahreseinkommen von 5000 Dollar und mehr beruht, und für neun von zehn Menschen unserer und der nächsten Generation gibt es keinen Weg, der in diese Lebensweise hineinführt. Für diese neun aber ist es widerwärtig, eine wirtschaftliche und soziale Heilsbotschaft anzuhören, die von den Wohlhabenden vorgetragen wird und die, so ehrlich sie auch formuliert sein mag, den „Armen" die Auffassung vermittelt, es sei ihr Fehler, daß sie nicht in Gottes Welt hineinpassen, wie diese eigentlich sein sollte und wie sie um den Nordatlantik herum verordnet worden ist.

Nicht der *American way of life*, wie ihn ein paar Millionen leben, widert die Milliarden an, sondern vielmehr das zunehmende Bewußtsein, daß diejenigen, welche auf amerikanische Art leben, keine Ruhe geben werden, bis ihre halbreligiöse Überzeugung von den Zukurzgekommenen akzeptiert wird. Spontane Gewalt erhebt sich immer gegen das Verlangen, daß ein Mensch sich Götzen unterwerfe. Geplante Gewalt wird dann mit der Notwendigkeit gerechtfertigt, einen Menschen oder ein Volk zum Dienst an einem Götzen zu zwingen, den jene abzulehnen drohen. Bauernführer Francisca Juliao aus dem nordöstlichen Brasilien, der jetzt in Cuernavaca im Exil lebt, hat diese Grundsätze unlängst in einer Erklärung verdeutlicht. „Niemals", sagte er, „aber wirklich niemals gebt dem Volk Waffen in die Hände. Wer dem Volk Waffen in die Hände gibt, zerstört. Waffen in den Händen des Volkes werden immer gegen das Volk benutzt werden. Waffen besiegen immer die Armen, die sie erhalten. Nur der Ziegelstein und der Stock, den ein Mensch im Zorn aufhebt, werden ihn nicht als Menschen entehren."

Insoweit ist es wichtig, daß ein Bürger der Vereinigten Staaten aus den Erkenntnissen lerne, welche in diesen Jahren lateinamerikanische Denker gewonnen haben. Er möge nach Kolumbien blicken und zu unterscheiden lernen zwischen dem Banditen oder Soldaten, der aus Gewinnsucht oder auf Befehl kaltblütig mordet; dem zornigen Mann, der in eine Volksmenge gerät, die sich in einem Aufruhr Luft macht; und schließlich einem Zeugen wie Camilo Torres, der sich mit Bedacht ins Gebirge zurückzieht, um darzutun, daß er angesichts eines tyrannischen Regimes überleben kann, und um dessen Unrechtmäßigkeit zu beweisen. Soldat und Bandit können organisieren; Aufruhr läßt sich anstiften, und seine frustrierte Vitalität kann schal werden oder mit tödlicher Vernünftigkeit zum Dienst an irgendeinem „Ideal" kanalisiert werden. Zeugnis wird immer eine einsame Aufgabe bleiben, die auf einem Kalvarienberg ihr Ende findet. Wahres Zeugnis einer tiefen Nonkonformität weckt immer heftigste Gewalt gegen sich selber, aber ich vermag nicht zu sehen, wie man einen solchen Zeugen jemals organisieren oder institutionalisieren könnte.

Das Studium der Gewalttätigkeit in Lateinamerika rührt tief an das Leben des nordamerikanischen Beobachters, aber zunächst gestattet es ihm noch, sich unbeteiligt zu verhalten. Es ist immer leichter, die Illusionen im Auge des Nächsten als den Wahn im eigenen Auge wahrzunehmen. Eine kritische Untersuchung der Wirkung, welche ein ausgeprägter sozialer Wandel auf die innersten Gründe des Herzens in Lateinamerika hat, ist ein fruchtbarer Weg zur Einsicht in die innersten Herzensgründe innerhalb der Vereinigten Staaten. In den nach Kapital hungernden Volkswirtschaften Lateinamerikas lebt eine große Mehrheit der Bevölkerung jetzt und immerdar ausgeschlossen von den Wohltaten eines blühenden Bürgertums im Stile der Vereinigten Staaten. Ebenso behauptet in der ungeheuer reichen Volkswirtschaft der Vereinigten Staaten eine kleine Minderheit, daß auch sie von der Masse des Bürgertums ausgeschlossen sei. Der Vergleich sollte es dem nordamerikanischen Beobachter ermöglichen, das weltweite Wachstum von zwei getrennten und ungleichen Gesellschaften zu begreifen und die Dynamik richtig einzuschätzen, welche zwischen beiden zu Gewaltanwendung führt.

# Sexuelle und politische Potenz

*In den Stadtgebieten Lateinamerikas endet mindestens jede vierte Schwangerschaft mit Abtreibung. In manchen Stadtbezirken ist die Zahl noch höher. Zwei von fünf Frauen haben sich, wenn die Zeit, in der sie Kinder bekommen können, zu Ende ist, ernste gesundheitliche Schäden zugezogen, sind in Verruf gekommen und haben oft grausige Schuld auf sich geladen, um die Geburt noch eines Kindes zu verhindern. Das alles passiert in einer Gesellschaft, in der bürgerliche Eheschließungen und uneheliche Geburten der Zahl kirchlicher Heiraten und ehelicher Kinder nahekommen und sie manchmal sogar übersteigen, was in keinem Fall als Schande angesehen wird, wie es in der angelsächsischen Welt der Fall ist. Das passiert auch in einer Gesellschaft, wo anderer Leute Kinder ohne jede Formalität in der eigenen Familie aufgenommen und erzogen werden. Offensichtlich wollen viele Menschen nicht noch mehr Kinder.*

*Viele dieser Abtreibungen werden von Hebammen, Quacksalbern und alten Weibern vorgenommen, ausgenommen in Uruguay und Argentinien, wo viele Ärzte freiwillig ihre ungesetzlichen Dienste auch den Armen zur Verfügung stellen. Abtreibung ist bei weitem die häufigste Todesursache bei jungen Frauen. Diese Frauen brauchen einen Ausweg aus der gegenwärtigen Situation.*

*Die Umstände begünstigen Kindestötungen in steigendem Maße. Es sind bereits genug Mädchen geboren, um die Zahl der möglichen Mütter in den achtziger Jahren zu verdoppeln. Weder Entwicklung noch Revolution können das wachsende Elend einer explodierenden und hungernden Bevölkerung verhindern, die in Willenlosigkeit und Passivität verfällt. Einer Frau, die sich um eine Abtreibung bemüht, eine rosige Zukunft für ihr Kind zu versprechen, wäre Irreführung.*

*Wo aber kann es sich ein Politiker leisten, einen festen und positiven Standpunkt entweder zugunsten der Geburtenkontrolle oder zugunsten einer legalen Abtreibung einzunehmen? Nur ein „starker Mann" könnte gleichzeitig traditionell denkende Katholiken, die von Sünde sprechen, Kommunisten, die die US-Imperialisten ausrotten möchten, und Nationalisten, die von der Besiedlung großer unbevölkerter Gebiete träumen, herausfordern.*
*Die entscheidende Änderung im öffentlichen Vorgehen muß von unten ausgehen. Neuere Programme versuchen, fast im geheimen die Anwendung der Geburtenkontrolle in den unteren Schichten durchzusetzen. Ein wirkungsvoller Feldzug für eine klare Bevölkerungspolitik muß, nach meiner Meinung, an der Wurzel ansetzen. Im folgenden Aufsatz möchte ich erläutern, warum diese Kampagne mit einer größeren Anstrengung zu wachsender politischer Bewußtseinsbildung gekoppelt sein muß. Es handelt sich um eine Rede, die ich 1967 vor Bevölkerungspolitikern gehalten habe. Weil sie häufig zitiert wurde, ließ ich sie unverändert, obwohl ich mir bewußt bin, daß mein Versuch, alles so knapp wie möglich zu sagen, der Lesbarkeit abträglich ist.*
*Diese Rede wurde einige Monate vor der Veröffentlichung der bekannten päpstlichen Enzyklika zur Geburtenkontrolle gehalten. Ich hatte gehofft, daß der Papst sprechen würde, und hatte gewettet, er würde schweigen. Ich verlor meine Wette und war enttäuscht. Ich hatte gehofft, der Papst würde über die Zweideutigkeit der Zeugungstechnisierung sprechen und über die Notwendigkeit größerer Verantwortung und Liebe auf seiten jener, die gezwungen sind, sich ihrer zu bedienen. Ich hoffte, der Papst würde allen Menschen vor Augen halten, daß sinkende Kindersterblichkeit niedrigere Geburtenzahlen zur Folge haben müsse, wenn wir eine weltweite Entmenschlichung vermeiden wollen, und daß wir als Christen verpflichtet sind, der Eigenliebe zu widerstehen. Die Ergebnisse moderner Hygiene, die das menschliche Leben lichter machen, müssen durch die Anwendung moderner Mittel aufgewogen werden, um ein krebsartiges Wachstum der Menschheit zu bannen.*
*Statt dessen aber hat der Papst ein Dokument veröffentlicht, das in einer toten, juristischen Sprache abgefaßt ist, ein Dokument, in dem zwar dies alles steht, aber das Mut vermissen läßt, von schlechtem Geschmack zeugt und das vor allem Rom die Initiative aus den Händen nimmt, die modernen Menschen in einen christlichen Humanismus zu führen. Das ist traurig.*

In Lateinamerika explodiert die Bevölkerung. Mexiko verdoppelt die Zahl seiner Einwohner alle 18 Jahre, Brasilien alle 17 Jahre und Peru alle 20 Jahre. Die unteren Altersklassen schwellen an in Ländern, wo selbst heute zwei Drittel der Jugend keine vollständige Volksschulbildung erhalten können. Die Folge sind nicht nur eine minderwertige Bildung für die große Mehrheit, sondern auch das zunehmende Bewußtsein der erwachsenen Massen, daß sie von allen entscheidenden Institutionen der bürgerlichen Gesellschaft ausgeschlossen sind. Die kurze Bildung, die sie erhalten, erweist sich auf lange Sicht als eine Erziehung zur Unzufriedenheit.

Programme für eine Geburtenkontrolle in Amerika scheitern im allgemeinen deshalb, weil sie mehr die Furcht vor Armut als die Freude am Leben betonen. Der einzelne kann Empfängnisverhütung als einzige Abwehr gegen drohendes Elend anwenden — oder er kann sie als konstruktives Mittel zu einem menschlicheren Leben wählen. In der heutigen Anpreisung der Familienplanung liegt jedoch nichts Konstruktives. Sie richtet sich an das gleiche Publikum wie die Werbung im Fernsehen und auf Anschlagsäulen an die Minderheit, die sich auf dem Weg ins Bürgertum befindet. In Mexiko und Brasilien bilden die heutigen Kunden für Konsumgüter und Verhütungsmittel eine seltsame, randständige Gruppe. Es sind die wenigen, die bereit sind, ihr Sexualverhalten durch einen Appell beeinflussen zu lassen, der ständigen Konsum und materiellen Fortschritt einschließt.

Erfolge in heutigen Schulen, in heutigen Berufen und beim heutigen Sex scheinen miteinander zusammenzuhängen. Aber in Lateinamerika bleiben solche Erfolge das Vorrecht einer Minderheit. Zwar kommt diese Minderheit aus allen Gesellschaftsschichten, doch wird sie unter jenen „Tüchtigen" ausgewählt, die es verstehen, das Wachstum ihres persönlichen Einkommens über dem nationalen Durchschnitt zu halten. Und diese strebsame Klasse drängt an die politische Macht und schafft weitere Privilegien für diejenigen, die bereits auf dem Wege zum Wohlstand sind. Selbst wenn diese kleine Gruppe Familienplanung betriebe, so würde das für das Wachstum der Bevölkerung insgesamt kaum etwas ausmachen. Den „andern" (und das sind in Lateinamerika die meisten) bleibt eine gleiche Chance, ihre Familie zu planen, vorenthalten. Genau wie die gesetzlichen Vorkehrungen für soziale, bildungsmäßige und politische Gleichheit bleiben auch die Möglichkeiten der Armen zur Ausübung von Geburtenkontrolle nur ein Hohn.

Unter den derzeitigen politischen und gesellschaftlichen Verhältnissen kann man die Mehrheit der Menschen nicht dazu bewegen, Geburtenkontrolle zu üben. Weder Verfügung noch die derzeitigen Bildungsbemühungen richten etwas aus. Um wirksam zu verführen, müßte die Werbung für Geburtenkontrolle aggressiver werden: fünfundzwanzig Dollar für die Anwendung jedes Pessars, hundert Dollar für jede Sterilisierung. Um mit Bildung zu wirken, müßten die Regierungen ihren eigenen Sturz vorbereiten, indem sie rasch und verbreitet Erwachsenenbildung einführen. Es ist ja klar, daß ein Bildungswesen, welches die Erwachsenen instand setzt, ihre abweichende Meinung zu formulieren, den Zusammenbruch aller Beschränkungen von Freiheit und Phantasie riskiert.

Das zweifache Scheitern von Verführung und Bildung gründet sich auf die Diskrepanz zwischen der neuen Botschaft und dem Lebensstil, wie er den bäuerlichen Mehrheiten in Lateinamerika gemeinsam ist. Den meisten erscheint der Gedanke, daß sexuelle Technik die Empfängnis verhindern könne, unglaublich; noch unglaublicher erscheint ihnen der Gedanke, daß solche Technik persönlichen Wohlstand schaffen könnte. Beide Behauptungen stützen sich scheinbar auf Zauberei. Außerdem ist die Art, wie dieses magische Heilmittel angepriesen wird, anrüchig. Sie erinnert an ein reiches Establishment, dem daran gelegen ist, den Armen beizubringen, wie sie ihresgleichen nicht vermehren sollen.

Selbst die Behandlung des einzelnen ist häufig ungehobelt, handelt es sich doch um den tragischen Augenblick im Leben einer Frau, wenn sie – als Alternative zur nächsten Abtreibung – sich als williges Opfer in das Mysterium der Empfängnisverhütung einweihen läßt. Anspruch, Stil und Methode betonen viel mehr den Schutz vor dem Leben als die Freiheit zum Leben. Kein Wunder, wenn das versagt. Soll Familienplanung wirken, so darf man sie nicht bloß als Schutz gegen ein Übel ansehen, sondern muß sie als Möglichkeit verstehen, einem tieferen Lebensgefühl Ausdruck zu geben.

Verfechter und Gegner der Empfängnisverhütung müssen aufhören, an Magie, Mythos und Mysterium zu appellieren. Das ist offenbar nicht leicht. Die Vorstellung von einer zunehmenden Verarmung der Welt überwältigt die Phantasie, und man schafft einen Mythos, weil das ein Ausweg ist aus unerträglicher Qual. Die Umwandlung hungriger Menschen in einen mythischen Kollektivfeind ist so alt wie die Menschheit, aber das gilt auch für die Illusion, daß wir die Mythen, die wir uns schaffen, meistern könnten.

Hat man erst einmal die „Armen" in einen gesichtslosen Strom verwandelt, der auf einer statistischen Tabelle die Hochwassermarke erreicht, so kann man die Werbung für Geburtenkontrolle mit magischer Macht ausstatten und kann sie anrufen, damit sie weitere Überschwemmungen hinwegzaubere. Solche Programme machen den Eindruck, als solle der einzelne sich als Tropfen in einer anschwellenden Flut betrachten, damit jeder zu deren Eindämmung sein Möglichstes tun könne. Man wundert sich nicht, daß niemand das tut.

Nur Professoren können sich in den Glauben hineingaukeln, man könne die Menschen dahin bringen, bei der Familienplanung Dinge als *persönliche Beweggründe* zu akzeptieren, die für den Wirtschaftler und Soziologen möglicherweise politische Gründe sind. Das eigene Verhalten in entscheidenden Dingen liegt immer jenseits der Reichweite einer Entscheidung, die andere treffen.

Bevölkerungen sind entschlußlos; man kann sie manipulieren, aber nicht motivieren. Nur Personen können sich entscheiden, und je mehr sie sich entscheiden, um so weniger sind sie zu kontrollieren. Menschen, die sich frei dafür entscheiden, ihre Fruchtbarkeit zu kontrollieren, haben neue Beweggründe oder streben nach politischer Herrschaft. Es ist klar, daß sich verantwortliche Elternschaft von politischem Machtstreben nicht trennen läßt. Programme mit solcher Zielsetzung sind den in Südamerika vorherrschenden Militärregierungen nicht willkommen, und Programme solcher Art werden von den USA gewöhnlich nicht finanziert.

Die Entwicklung Lateinamerikas als westliche Kolonie erfordert Massenschulung der Kinder, um diese darauf vorzubereiten, passiv eine Ideologie zu akzeptieren, die sie „demokratisch" bei der Stange hält. Politische Ordnung kann allzuviel Bewußtheit oder Ursprünglichkeit oder Risiko nicht ertragen. Eine Erwachsenenbildung, die analytisch und dialektisch ist, führt unweigerlich zur Befreiung von Tabus. Götzen lassen sich nicht einzeln stürzen; eine Erwachsenenbildung, die einige Götzen stürzen soll, stößt sie alle vom Thron und ist immer politisch subversiv.

Erkenntnisse ähnlicher Art verstärken sich gewöhnlich gegenseitig. Das Bewußtsein, daß Sex nicht zu unerwünschter Mutterschaft zu führen braucht, führt weiter zu der Einsicht, daß ökonomisches Überleben nicht zu politischer Ausbeutung zu führen braucht. Die Freiheit des Gatten und die Freiheit des Staatsbürgers führen über dieselbe Straße. Jedes Tabu, das man hinter sich läßt, ist ein Hindernis weniger für den Wandel derjenigen gesellschaftlichen Verhältnisse, die alle Götzen notwendig machen.

Alle, die vor 1984 gebären werden, sind jetzt am Leben. Für jedes von ihnen frage ich: Wird dieses Kind ein passives Objekt sein, manipuliert und übersättigt durch eine technische Umwelt, die Mißbrauch mit seinen Gefühlen treibt? Oder wird aus diesem Kind ein Mensch werden, der an der Verantwortung für eine Reihe von sozialen Tendenzen teilnimmt? Werden Demographen sein Sexualverhalten so zurechtstutzen, daß es in die geplante Bevölkerungsstatistik paßt, wie industrielle Manager sein berufliches Verhalten dem Investitionsbedarf anpassen? Oder wird seine Übersiedlung von einem Hungerhof in eine riesige Stadt seine Fähigkeit stärken, die Geschichte seines Lebens bewußt zu gestalten?

Anders ausgedrückt: wird die Großstadt sein Leben verschlingen? Oder wird er in der Großstadt mit einer tieferen Freiheit leben? Um diese Frage geht es für 300 Millionen. Von den rund 200 Millionen Amerikas südlich des Rio Grande gelten heute zwei Drittel als „Landbevölkerung". Dabei werden sich noch nicht 20 Prozent der für die nächste Generation erwarteten 350 Millionen von der Landwirtschaft ernähren. Von denen, die heute leben oder in den nächsten fünfzehn Jahren geboren werden, existieren die meisten in einer Welt, deren Sinn, Sitten und Sagen in einer bäuerlichen Vergangenheit wurzeln. Das heißt, sie kommen aus einer Umwelt, wo der persönliche Erfolg vom Kampf um knappe Mittel, um beschränkten Boden abhängt und wo das Überleben einer Gruppe dadurch sichergestellt werden mußte, daß man mit massiver Fortpflanzung gegen eine hohe Sterblichkeitsrate kämpfte. Bauern schätzen Besitz, Tradition und große Fruchtbarkeit. Diese Vorlieben finden Ausdruck in ihrer Sprache, ihren Symbolen, ihrer Ideologie und ihrer Religion.

Die bäuerliche Kultur liefert Kategorien, die selbst noch äußerste ländliche Entbehrung mit Würde umkleidet. Der einzelne, der in die Großstadt übersiedelt, verliert dieses starke ererbte Werkzeug, und sein Überleben hängt davon ab, daß er diesen Verlust wahrnimmt und akzeptiert. Das erfordert in jedem Menschen eine Veränderung — im Verhalten wie in der persönlichen Einstellung.

Diese Änderung der Verhaltensweise ist die Summe aller Veränderungen in den vielen Einzelheiten des Auftretens, die, wie die Fäden in einem Seil, das menschliche Leben ausmachen. Jeder Wandel in der Handlungsweise eines Menschen — im Beruf, auf der Straße oder beim Zusammensein mit seiner Freundin — ist die Frucht seiner persönlichen Erkenntnis. Entweder hat sie ihn zur Erfindung einer neuen Gewohnheit befreit oder sie hat dazu geführt, daß er sich dem neuen Rhythmus der Großstadt betäubt unterwirft.

Noch revolutionärer als solche Wandlungen der Verhaltensweise sind jedoch die neuen Bindungen, die eine Persönlichkeit in der Großstadt finden muß. Verstädterung bedeutet für den einzelnen die Suche nach neuen Anhaltspunkten in einer Welt, die seinem innersten Fühlen und Streben neue Koordination zuweist. Kräfte des Charakters erhalten neue Etiketten und neue Wahlsprüche, und neue Symbole werden ihnen zugeteilt, um sie in eine neue Ideologie einzupassen.

Die Großstadt wird dem Neuling wie jedes andere Industrieprodukt mit einer Reihe von Gebrauchsanweisungen verkauft. Diese Anweisungen verwirren den Ungläubigen, den Menschen also, der sich den gültigen Überzeugungen nicht verschrieben hat. Die Großstadtreligion kennt viele Dogmen. Sie schätzt eine medizinisch verlängerte Lebenserwartung, schulische Leistungen und Noten, dauernde Beförderung und Leistung im Beruf. Erzeugung und Verbrauch werden zum Maßstab der meisten Werte einschließlich der Fruchtbarkeit.

Veränderungen in der Verhaltensweise, der Anhaltspunkte und der Überzeugungen gehen Hand in Hand. Nur die wenigen, die dieser dreifachen Veränderung fähig sind, können sich mit den Ellbogen einen Weg auf die winzigen Inseln des Wohlstandes bahnen.

Insoweit ist ein hoher Konsum in Verbindung mit großer Fruchtbarkeit ein Luxus, den sich nur wenige leisten können. Diese wenigen sind häufig nicht die alten Bourgeois, sondern sind Paare, die mit viel Glück rasch emporgekommen sind und sich etabliert haben. Für die meisten Familien hängt die Schnelligkeit des sozialen Aufstieges davon ab, daß sie ihre Anzahl scharf kontrollieren.

Die lebenslange Zucht, die solche Kontrolle erfordert, kommt einen jungen Menschen, der in einer Hütte aufgewachsen ist, hart an, ist er doch nicht daran gewöhnt, sich schweigend in den eintönigen Schulbetrieb oder in das Gleichmaß eines Büros einzufügen oder gehorsam nach Uhr und Plan zu leben. Es gehört eine seltene Verbindung von Charakter, Umständen und Gleichgesinnten dazu, um einem Bauern die Lebensregeln beizubringen, mit deren Hilfe allein er seinen Aufstieg in die höheren Sphären der Großstadt und des Geschäfts- und Familienlebens sicherstellen kann. Die Großstadt wählt viel sicherer aus als ein Lehrer.

Die Persönlichkeitsstruktur oder der Charakter, die einem Kind in der Schule Erfolg verschaffen, sorgen dafür, daß es diejenigen überholt, die ebenfalls in die Gemeinschaft der modernen Großstadt hineinpassen. Die ein Diplom in der Tasche haben und mit einem Auto ausgerüstet sind, sind wahrscheinlich auch am besten dazu geeignet, ihre Fruchtbarkeit einzuschränken und ihre Versicherungsprämien zu erhöhen. Der nachgewiesene Zusammenhang zwischen guter Schulbildung und geringer Fruchtbarkeit wird gewöhnlich damit erklärt, daß die Schulbildung die Schüler instand setze, technisches Know-how, z.B. Verhütungsmittel, anzuwenden. Tatsächlich dürfte das Gegenteil zutreffen: die Schulen wählen diejenigen aus, die ohnehin zu solchem technischen Know-how neigen. Das gilt erst recht in Ländern, wo die Mittelschulen selektiv sind und durch solche Auswahl mehr Personen ausschließen als annehmen.

Ich möchte das erklären. Die gesellschaftliche Pyramide ist in Kansas etwa ebenso hoch wie in Caracas; verschieden ist im Norden und Süden jedoch deren Gestalt. In Caracas schlagen bestenfalls drei von hundert Personen den Weg ein, der zum Gymnasialabitur, zum Familienauto, zu einer privaten Krankenversicherung und entsprechender Hygiene führt. Unterscheiden wir einmal zwischen denen, die durch Geburt und Privilegien auf dieses Niveau gelangt sind, und denen, die dorthin aufgestiegen sind. Diese zweite Gruppe wird in Caracas viel sorgfältiger ausgewählt als in Kansas. Je steiler die Pyramide ist, um so wirksamer sperrt sie schwach motivierte Kletterer aus, die es kaum bis auf den Gipfel eines sanft geneigten Hügels schaffen würden. Wer den schmalen, steilen Pfad zum Erfolg in Caracas bewältigen will, muß von mehr gemeinsamen Triebkräften und Zielsetzungen gefördert werden als diejenigen, welche die breite Freitreppe zum nordamerikanischen College hinaufgeschoben werden.

Wir bekommen oft zu hören, daß gewisse Volksgruppen sich die Familienplanung rasch zu eigen gemacht haben, so z.B. die Puertoricaner in New York. Die Fruchtbarkeit der ganzen Gruppe ging plötzlich zurück, als sie in die Großstadt übersiedelte. Das trifft für diejenigen zu, die sich entschlossen, nach New York zu gehen, und es dort dann „geschafft" haben; es gilt für diejenigen, die Harlem verließen, die Schule durchliefen und Anstellungen erreichten, welche jährlich mehr als 7000 Dollar einbringen. Es sind diejenigen, welche die Polizei, Drogen, Diskriminierung und öffentliche Fürsorge überlebt haben. Sie sind in der Tat rascher aufgestiegen, als irgendeine andere Volksgruppe vor ihnen, und auch ihre Fruchtbarkeit ist rasch gesunken.

Ähnliche Gruppen von Einwanderern, die mit Riesenschritten zu Wohlstand gelangt sind, lassen sich überall in Lateinamerika feststellen. Ihre Angehörigen treten gern dem Lions Club, den Kolumbusrittern, der Christlichen Familienbewegung und andern Vereinen bei, die es ihnen gestatten, für ihresgleichen weitere Privilegien zu schaffen. Ein gutes Beispiel für solche Taktik liefert die unlängst von Angestellten der ESSO in Caracas gegründete „Gesellschaft zum Schutz des Mittelstandes". Die Tatsache aber, daß die Angehörigen solcher Gruppen ihre Fruchtbarkeit in der Tat unter Kontrolle haben, beweist nicht, daß Empfängnisverhütung auch nur teilweise das Ergebnis eines komfortableren Lebens ist. Es bedeutet eher, daß gegenwärtig in Lateinamerika nur wenige von der Fata Morgana des Wohlstandes zu verführen sind.

Es ist bezeichnend, daß in den USA die Fruchtbarkeit der Armen, zumal im schwarzen Getto, etwa auf dem lateinamerikanischen Niveau verharrt. Der gemeinsame Faktor ist nicht in Zahlen zu fassen, er ist eine Stimmung. Im nordamerikanischen Getto sind Durchschnittseinkommen erreicht worden, die unsere Generation in Lateinamerika nicht kennenlernen wird. Was der einzelne verdient, wie viele Jahre er zur Schule geht, wieviel er für Gesundheitspflege ausgibt, wie viele gedruckte Seiten er liest – das alles übersteigt die gesunde Erwartung von 80 Prozent aller Peruaner oder Kolumbianer. Aber hier wie dort ist die politische Teilhabe gering, ist die Macht begrenzt und die Stimmung düster. Den amerikanischen Neger haben Wegweiser zur Integration und zum Wohlstand allzu oft in eine Sackgasse geführt.

In den letzten beiden Jahren hat die Öffentlichkeit in den USA ganz plötzlich Verständnis dafür entwickelt, daß die Neger gegen Geburtenkontrolle im Getto sind. Empörend ist jedoch, daß dieselbe Öffentlichkeit meint, die Armen in Übersee seien weniger empfindlich und einfältiger als die Armen daheim. Man glaubt, mehr kostenlose Aufklärung werde in Brasilien ebendas erreichen, was sie im nordamerikanischen Getto nicht erreicht hat. Zu Hause muß man eine Zurückweisung ernstnehmen. Dieselbe Zurückweisung in Übersee kann man als Torheit und Hysterie abschreiben.

Im vorigen Jahr taten sich in Brasilien die katholischen Bischöfe und die Kommunisten zusammen, um die Öffentlichkeit dagegen aufzubringen, daß die Militärregierung angeblich Missionare förderte, die in den USA hergestellte „Schlangen" in das Amazonasgebiet brächten. Die „Schlangen" (Pessare) sollten „in die Frauen gesteckt" werden, um sie unfruchtbar zu machen; dadurch sollte das Amazonasgebiet, so hieß es, für die Ansiedlung nordamerikanischer Neger reif gemacht werden.

Der um den Nordatlantik herum aufgewachsene Bevölkerungsfachmann ist geneigt, darin eher das Produkt einer krankhaften Phantasie zu sehen als einen symbolischen Protest gegen die nordamerikanische Schlange, welche die tropische Eva dazu versucht, vom Apfel des Wohlstandes zu kosten. Nationalökonomen, Planer und Ärzte nehmen ohne weiteres an, daß alle Menschen von einem Konsum- und Erfolgszwang besessen seien, sich nach gutbezahlten Stellungen drängen und sich an deren Stelle wünschen, die es mit weniger Babys und mehr Besitztümern geschafft haben. Solche Berechnungen stützen sich auf ein angebliches „Gesetz der menschlichen Natur", aber diese Vermutung ist mindestens so fragwürdig wie das, was die katholische Kirche predigt. Allzu häufig halten herablassende Missionare ihre eigenen Idiosynkrasien für anderer Menschen natürliche Veranlagung.

Gespräche, die heute in Amerika auf englisch über Bevölkerungsfragen geführt werden, födern ungewollt eine „imperialistische" Tendenz. Ich möchte, daß wir uns dieser Tendenz bewußt werden und sie bei politischen Entscheidungen als brauchbare Variable verwenden. Ich möchte aber ebenso gern, daß wir uns davor hüten, uns an der Kontroverse über Sünde zu beteiligen, die gewöhnlich auf lateinisch geführt wird, oder an der Verschwörung, das Bleichgesicht durch Geburten zu besiegen – was chinesisch klingt.

In Caracas oder Sao Paulo kann die Beschränkung auf eine kleine Familie sich nur für eine Minderheit alsbald in höherem Lebensstandard auszahlen. Für reichlich 90 Prozent der Menschen liegt eine sinnvolle Verbesserung ihres Standards durch Geburtenkontrolle jenseits ihres Horizonts. Deshalb sind die meisten „konstruktiven" Gründe für Familienplanung, die an diese Mehrheit verhökert werden, trügerisch. Gewöhnlich sind sie mit einer kaum merklichen Belehrung über „bürgerliche Werte" verbunden. Billigt man diese Werte, so verhindert das eine Auflehnung dagegen. Wer gelernt hat, Reichtum als das wichtigste Signal des Erfolges und Kinder als das größte Hindernis auf dem Wege zum Reichtum anzusehen, könnte jetzt seinen Kindern die Schuld an seiner Armut geben. Das tun natürlich nur wenige, aber dieses Argument ist empörend und zudem falsch.

Um die gedankenlose Zustimmung der Mehrheit zu erlangen, wird alles Mögliche unternommen, wobei meistens dem einzelnen alsbaldiger wirtschaftlicher Nutzen in Aussicht gestellt wird: unmittelbare Belohnung für jede empfängnisverhütende Behandlung, mittelbare Vorzüge für kleine Familien und versteckte, verlockende Hinweise, die steigende Erwartungen mit geringer Fruchtbarkeit in Zusammenhang bringen. Keines dieser Mittel richtet genug aus. Warum?

Die Angst vor unerreichbarem Wohlstand verschüchtert die seit jeher Armen ebensowenig wie der Hinweis auf die Hölle das sexuelle Verhalten frommer Katholiken beeinflußt. Es ist in jedem Fall zynisch, zu erwarten, daß sie heute auf Vergnügen verzichten um eines Paradieses willen, das andern offen steht, ihnen aber unerreichbar ist und bleiben wird. Nirgendwo vermehren sich die Menschen gemäß politischen Programmen des Weißen Hauses oder Befehlen des Papstes. Sozio-ökonomische „Gründe" und Moralvorschriften tragen gleichermaßen wenig zur Einführung von Verhütungsmitteln bei. Die Verwendung einer Ideologie, um Familienplanung zu fördern oder zu verhindern, bedeutet immer einen Aufruf zum Götzendienst und ist daher menschenfeindlich.

In manchen Leuten kann eine Ideologie regressive Kräfte freimachen und sie zur Anwendung von Verhütungsmitteln veranlassen. Die Ideologie kann Geldgier, Ressentiments, Neid, Egoismus, Angst vor Risiken oder den Wunsch rechtfertigen, es irgendwelchen Nachbarn gleichzutun. Die Ideologie kann solche Neigungen als Beiträge zu politischer Stabilität und Produktivität erklären. Aber solche verstandesmäßige Sexkontrolle funktioniert nur bei wenigen, und diese sind seltsam und krank; ihre ideologischen Beweggründe führen häufig eher zu unverantwortlicher Aggression als zu Disziplin. Die Geburtenkontrolle wird der großen Mehrheit unter Vorspiegelung falscher Tatsachen verkauft; für sie ist es ein Holzweg zum Reichtum und vermindert die Fruchtbarkeit nicht. Also ist die Verwendung von Ideologien zur Motivierung individuellen Verhaltens nicht nur unmenschlich, sondern zudem ein trügerisches Verfahren. Bei so privaten Dingen ist der Appell an Patriotismus, Gemeinsinn oder Religion gewöhnlich eine gute Ausrede — aber kaum jemals ein guter Grund. Vergleichen wir beispielsweise einmal die nachweisbare Tatsache, daß Lehrer keine Leser produzieren, damit, daß Fürsorgebehörden keine Verhütung lehren können. Lehrer versuchen, Juanito zu überzeugen, daß er den Wunsch zu lesen haben sollte, damit er wissen, arbeiten und wählen kann. Juanito aber will das alles gar nicht, und warum sollte er auch? Das Lesen wird ihm kaum zum Studium verhelfen, falls er nicht schon einen Onkel auf der Hochschule hat. Und seine Wählerstimme bedeutet heute in Lateinamerika gewiß weniger als vor zehn Jahren, als die Allianz für den Fortschritt ihren Anfang nahm. Das einzige, was Juanito dazu bewegen könnte, in der Schule zu bleiben, ist die Notwendigkeit, ein Diplom zu erlangen, das ihm angeblich zu einer Anstellung verhelfen wird — nach vielen Jahren.

Schwierige Fertigkeiten lernen Menschen am besten, wenn der Lernprozeß dem Lernenden Gelegenheit gibt, dem Gefühl für Bilder, die er bereits im Herzen trägt, klaren Ausdruck zu verleihen. Nur wer entdeckt, wie hilfreich Wörter sind, um seine Ängste sichtbar zu machen und verschwinden zu lassen, und wer erfährt, daß das Wort sich seiner Gefühle bemächtigen und ihnen Gestalt geben kann, wird den Wunsch hegen, tiefer in die Schriften anderer Menschen einzudringen. Die bloße Fähigkeit, das geschriebene Wort zu entziffern, wird nur indoktrinierte Massen dazu veranlassen, sich der Unterweisungen *von* Schulen und *für* Fabriken zu unterwerfen. Bestenfalls wird es sie instand setzen, danach ihre Freizeit zu nutzen, um sich in Groschenromane zu flüchten oder die Zwischentexte in ausländischen Filmen zu verstehen.

Fürsorger neigen dazu, ganz ähnlich vorzugehen wie Lehrer, nur daß sie vorschlagen, ein Pessar sei eher als ein Buch geeignet, als fliegender Teppich in ein besseres Leben zu dienen. Die Produkte des Apothekers, des Buchhändlers und der Hexe werden auf gleiche Weise verwendet. Darum sind Frauen, die einfach Verhütungsmittel schlucken, nicht besser daran als andere, die dem Gedruckten huldigen, sich auf Liebestränke verlassen oder abergläubisch auf den heiligen Antonius.

Es gelingt den Schulen, einigen Kindern zu einem hohen Preise Lesen und Schreiben beizubringen. In ganz Lateinamerika führt nur jede vierte Schule über die sechste Klasse hinaus. Ähnlich bescheidene Ergebnisse verzeichnen Fürsorgekliniken, wenn sie Erwachsene in Verhütungsmitteln unterweisen; von vier ratsuchenden Frauen bekommt nur eine keine Kinder mehr. Beide Institutionen tragen dazu bei, Stil und Status des Westens zu erhalten. Ein ökonomischer Vergleich von Schule und Klinik spricht dafür, das Geld eher für Geburtenkontrolle als für das Lesenlernen auszugeben. Auf kurze Sicht (etwa auf fünfzehn Jahre) spart eine Nation an einem verhinderten Leben viel mehr, als der Zuwachs an Produktivität durch die Schulbildung eines Kindes ausmacht.

Klassenzimmer und Klinik selektieren beide besser als sie lehren. Würden die für beide aufgewendeten Mittel gekürzt, so würde sich das auf die Fruchtbarkeit insgesamt wahrscheinlich nicht erheblich auswirken. Eine solche Kürzung zugunsten anderer Maßnahmen kann aber nicht in Erwägung gezogen werden, sofern man nicht begreift, in welchem Maße das heutige Schul- und Gesundheitswesen politisch notwendig sind.

Die lateinamerikanische Gesellschaft gilt selbst bei einigen ihrer utopischen Träumer als unergiebig. Auch Bildungsreformer reden und handeln, als ob dieser Kontinent unfähig wäre, auf dem Gebiet der Bildung etwas wirklich Neues hervorzubringen. Wann immer brauchbare Programme für Erwachsenenbildung entworfen werden, sich entwickeln und die Tradition bedrohen, werden sie für überflüssig erklärt und im Keime erstickt oder lächerlich gemacht. Umfangreiche Programme werden jedenfalls niemals finanziert, was mit dem Vorwand begründet wird, die vorgeschlagenen Methoden seien in diesem Umfang noch nie erprobt worden.

Militärregierungen müssen Sokrates fürchten; er muß eingesperrt, verbannt, lächerlich gemacht oder in den Untergrund getrieben werden. Nur wenige große, beliebte und geachtete lateinamerikanische Lehrer werden im eigenen Lande beschäftigt. Beteiligen sich solche Männer an der Regierung, der Kirche oder einer internationalen Behörde, so laufen sie Gefahr, durch Kompromisse korrumpiert zu werden.

Der Charakter derer, die sich am lateinamerikanischen Bildungswesen beteiligen, ist grundlegend verschieden, und dieser Unterschied erschwert es den Nordamerikanern zu begreifen, aus welchen Gründen die Volksbildung in Südamerika wichtiger und gefährlicher ist als im Getto. In Lateinamerika besteht das politische Establishment aus den weniger als drei Prozent Familienoberhäuptern, die weiterführende Schulen absolviert haben. Diese Minderheit wird durch jede massierte Beteiligung Ungeschulter an der politischen Debatte von einem tiefgehenden Wandel bedroht. Deshalb werden Programme, die am Ende eine solche Beteiligung herbeiführen könnten, entweder als schädliche Demagogie abgeschrieben oder verständlicherweise als Anstiftung zum Aufruhr unterdrückt. Finanziert werden sie jedenfalls nicht.

Die heutige ungleiche Verteilung der Schulbildung gilt gewöhnlich als ein Haupthindernis für die Verbreitung technischer Know-hows und wirksamer politischer Teilhabe. Die gewaltige Erhöhung des Budgets für Kinderschulen wird als das einzige Mittel empfohlen, um politische Macht und technisches Know-how einschließlich der Empfängnisverhütung zu verbreiten. Diese Methode beruht meiner Ansicht nach auf drei falschen Voraussetzungen: auf einer Überschätzung der Bildung durch Schulen; auf der unrealistischen Erwartung, daß eine geometrische Erhöhung der für Schulzwecke bestimmten Mittel jemals möglich sein werde; und auf mangelndem Vertrauen in den Wert eines politisch orientierten Bildungswesens.

Der im Exil lebende brasilianische Pädagoge Paolo Freire hat gezeigt, daß man etwa 15 Prozent der analphabetischen Erwachsenen in irgendeinem Dorf innerhalb von sechs Wochen Lesen und Schreiben beibringen kann, was nur einen Bruchteil der Kosten für das Schuljahr eines Kindes verschlingt. Weitere 15 Prozent können dasselbe lernen, nur etwas langsamer. Zu diesem Zweck läßt er seine Mitarbeiter in jedem Dorf eine Liste von Wörtern zusammenstellen, welche die intensivste Bedeutung haben. Das sind gewöhnlich politische Wörter, die deshalb heftig umstritten sind. Seine Lesestunden werden um eine Analyse der ausgewählten Wörter aufgebaut. Die Leute, die sich von diesem Lehrprogramm angezogen fühlen, sind meistens Menschen mit politischem Potential. Wir müssen annehmen, daß sie am Dialog interessiert sind und daß für sie das Lesen- und Schreibenlernen der wichtigsten Wörter ein Schritt ist, durch den ihre politische Teilhabe ein neues Niveau an Intensität und Wirksamkeit erreicht.

Solche Bildung ist offensichtlich selektiv. Das sind auch unsere heutigen Schulen. Der Unterschied liegt darin, daß das politische Potential die geschriebene Seite eher zu einem Treffpunkt für möglicherweise umstürzlerische Elemente in der Gesellschaft macht als zu einem Sieb, das diejenigen Kinder passieren läßt, die sich gegenüber Fügsamkeit und begrenztem Versagen tolerant erweisen. Freires Zöglinge erhalten eine Diät, die etwa ganz anders ist als der billige Schund, von dem sich die „Durchfaller" ernähren.

Nie werde ich einen Abend mit Freires Schülern, hungrigen Bauern in Sergipe zu Beginn des Jahres 1964 vergessen. Ein Mann stand auf, rang nach Worten und drückte schließlich in einem Satz das aus, was ich in diesem Aufsatz darzulegen versucht habe: „Letzte Nacht konnte ich nicht schlafen ... weil ich gestern abend meinen Namen geschrieben habe ..., und ich begriff, daß ich bin ... das heißt, daß *wir* verantwortlich sind."

Verantwortliches Staatsbürgertum und verantwortliche Elternschaft gehen Hand in Hand. Beide sind das Ergebnis der erlebten Beziehung des Ich zum andern. Die Zucht spontanen Verhaltens ist wirksam, schöpferisch und anhaltend nur, wenn man sie in Gedanken an andere Menschen akzeptiert. Zur Entscheidung, als verantwortliche Gatten und Eltern zu handeln, gehört hinzu, daß man am politischen Leben teilnimmt und die dafür erforderliche Disziplin akzeptiert. In Brasilien bedeutet das heute Bereitschaft zu revolutionärem Kampf. Insoweit umfaßt mein Vorschlag, umfangreiche Bildungsprogramme für Erwachsene entschieden auf Familienplanung auszurichten, die Verpflichtung politischer Bildung. Der Kampf für die politische

Befreiung und Teilhabe des Volkes in Lateinamerika kann in einer neuen tiefen Bewußtheit verankert werden, wenn er der Einsicht entspringt, daß der moderne Mensch selbst im intimsten Bereich seines Lebens die Technik als Vorbedingung akzeptieren muß. Wird die Erziehung zu moderner Elternschaft in diesem Sinne betrieben, so könnte sie sich zu einer mächtigen Agitation entwickeln und dazu beitragen, daß aus entwurzelten Massen Menschen werden.

# Geplante Armut
# als Frucht technischer Hilfe

*Der Weg zur Armut ist mit technischer Hilfe gepflastert. Als Frucht von zwanzig Jahren internationaler Entwicklungshilfe gibt es heute mehr Menschen denn je zuvor, deren Lebenserwartung niemals erfüllt werden kann.*

*Unbewußtes Sehnen – unwirkliche „Bedürfnisse" – ist in bewußte Forderung verwandelt worden. Unsere Hilfsprogramme haben den meisten Menschen „geplante Armut" beschert.*

*Als der Pearson-Bericht „Partner bei der Entwicklung" erschien, hielt ich es für wichtig, auf diesen offenkundigen Widersinn hinzuweisen; dem ist das folgende Kapitel gewidmet. Von der Entwicklung der nächsten zwanzig Jahre können wir, anstatt uns auf eine gewaltsame politische Revolution oder auch Korrekturen am Mechanismus des Weltmarktes zu verlassen, eine tiefgehende Umwälzung der fundamentalen gesellschaftlichen Institutionen erwarten.*

Es ist heute eine gängige Forderung, daß die reichen Nationen ihren militärischen Apparat in ein Entwicklungsprogramm für die Dritte Welt umwandeln sollen. Die ärmeren vier Fünftel der Menschheit vermehren sich ungehindert, während ihr Pro-Kopf-Verbrauch zurückgeht. Dieser Bevölkerungszuwachs und diese Konsumschrumpfung bedrohen die Industrienationen, die infolgedessen vielleicht trotzdem ihr Rüstungsbudget zur wirtschaftlichen Befriedung armer Nationen verwenden. Das aber könnte wiederum unheilbare Verzweiflung hervorrufen, weil die Pflüge der Reichen ebensoviel Schaden anrichten können wir ihre Schwerter. Amerikanische Lastwagen können bleibenderen Schaden verursachen als amerikanische Panzer. Es ist leichter, eine Massenumfrage nach jenen als nach diesen hervorzurufen. Nur eine Minderheit benötigt schwere Waffen, während eine Mehrheit auf unrealistische Weise in Abhängigkeit von der Lieferung produktiver Maschinen geraten kann, wie es moderne Lastwagen sind. Ist erst einmal die Dritte Welt zum Massenmarkt für Waren, Erzeugnisse und Verfahren geworden, welche die Reichen für sich selber entworfen haben, dann wird das Mißverhältnis zwischen der Nachfrage nach diesen westlichen Produkten und deren Lieferung auf unabsehbare Zeit anwachsen. Das Familienauto kann die Armen nicht ins Düsenzeitalter befördern, ein Schulsystem kann den Armen keine Bildung verschaffen, und der Familienkühlschrank kann ihnen keine gesunde Ernährung gewährleisten.

Offensichtlich kann sich in Lateinamerika nur jeder Tausendste einen Cadillac, eine Herzoperation oder ein Doktorexamen leisten. Diese Begrenzung der Entwicklungsmöglichkeiten läßt uns an der Dritten Welt nicht verzweifeln, und dafür gibt es eine einfache Erklärung. Wir glauben noch nicht, daß ein Cadillac für ein gutes Verkehrswesen erforderlich sei, daß eine Herzoperation zur normalen Gesundheitspflege gehöre oder daß ein Doktortitel die Voraussetzung einer brauchbaren Bildung darstelle. Wir erkennen vielmehr, daß die Einfuhr von Cadillacs nach Peru mit hohen Zöllen belegt werden sollte, daß eine Klinik für Organverpflanzungen ein skandalöses Spielzeug ist, wenn es die Ansammlung von noch mehr Ärzten in Bogotà rechtfertigt, und daß ein Betatron die Lehrmöglichkeiten der Universität von Sao Paulo übersteigt.

Leider ist es noch nicht allgemein bewußt, daß die meisten Lateinamerikaner — nicht nur in unserer, sondern auch in der nächsten und übernächsten Generation — sich überhaupt kein Auto, keinen Krankenhausaufenthalt oder auch nur eine Volksschulbildung leisten können. Wir verdrängen das Wissen um diese offenkundige Wirklichkeit, weil wir nicht zugeben wollen, daß unsere Phantasie in die Ecke gedrängt worden ist. So bezwingend ist die Macht der Institutionen, die wir geschaffen haben, daß sie nicht nur unsere Vorlieben beeinflussen, sondern auch unsern Sinn für das, was möglich ist. Wir haben vergessen, wie man über ein modernes Verkehrswesen sprechen kann, das nicht auf Autos und Flugzeugen beruht. Unsere Vorstellungen von einem modernen Verkehrswesen betonen unsere Fähigkeit, das Leben der hoffnungslos Kranken zu verlängern. Wir können uns bessere Bildung heute nur in Gestalt von noch komplizierteren Schulen und noch längerer Lehrerbildung vorstellen. Riesige Institutionen, die kostspielige Dienstleistungen liefern, beherrschen den Horizont unseres Erfindungsreichtums.

Wir haben unsere Welt in unsern Institutionen verkörpert und sind jetzt deren Gefangene. Fabriken, Massenmedien, Krankenhäuser, Regierungen und Schulen produzieren Waren und Dienstleistungen, die unsere Weltanschauung abgepackt enthalten. Wir, die Reichen, stellen uns Fortschritt als Ausweitung dieses Establishments vor. Erhöhte Mobilität verstehen wir als Luxus und Sicherheit in Packungen von General Motors oder Boeing. Unter Förderung der allgemeinen Wohlfahrt verstehen wir vermehrte Bereitstellung von Ärzten und Krankenhäusern, die Gesundheit in einer Packung mit vermehrtem Leiden liefern. Wir haben uns angewöhnt, unser Bedürfnis nach mehr Lernen mit der Forderung nach immer längerem Einsperren in Klassenzimmern zu identifizieren. Anders ausgedrückt: wir haben die Bildung zusammen mit aufsichtlicher Fürsorge, Berechtigungswesen und dem Wahlrecht verpackt und das alles eingewickelt in die Belehrung über christliche, liberale oder kommunistische Tugenden.

In weniger als hundert Jahren hat die industrielle Gesellschaft Patentlösungen für menschliche Grundbedürfnisse erfunden und uns zu dem Glauben bekehrt, der Schöpfer habe die Bedürfnisse des Menschen als Verlangen nach den von uns erfundenen Erzeugnissen gestaltet. Das gilt für Rußland und Japan ebenso wie für die nordatlantische Staatengemeinschaft. Der Verbraucher wird auf Veralten gedrillt, also auf dauernde Anhänglichkeit an dieselben Produzenten, die ihm die gleichen abgepackten Waren in unterschiedlicher Qualität oder neuer Umhüllung liefern.

Die Industriegesellschaften können solche Packungen für den persönlichen Bedarf den meisten ihrer Bürger liefern, aber das beweist nicht, daß diese Gesellschaften vernünftig oder wirtschaftlich sind oder daß sie dem Leben dienen. Das Gegenteil trifft zu. Je mehr der Bürger auf den Verbrauch von abgepackten Waren und Dienstleistungen gedrillt wird, um so weniger scheint er imstande zu sein, seine Umwelt zu gestalten. Seine Kraft und sein Geld werden für die Herstellung immer neuer Modelle seiner Standardwaren aufgezehrt, und die Welt wird zum Abfallprodukt seiner Verbrauchergewohnheiten.

Ihrer Anlage nach sind die „Pakete", von denen ich spreche, die Hauptursache der hohen Kosten bei der Befriedigung von Grundbedürfnissen. Solange jedermann sein Auto „braucht", müssen unsere Städte immer längere Verkehrsstauungen und grotesk aufwendige Heilmittel dagegen in Kauf nehmen. Solange Gesundheit gleichbedeutend mit maximaler Lebensdauer ist, werden unsere Kranken immer ungewöhnlichere chirurgische Eingriffe und dazu die Drogen verordnet bekommen, die die nachfolgenden Schmerzen lindern müssen. Solange wir die Schulen dazu benutzen wollen, die Kinder den Eltern abzunehmen oder sie von der Straße zu holen oder dem Arbeitsmarkt fernzuhalten, wird unsere Jugend endlosen Unterricht erleben und immer stärkerer Anreize bedürfen, damit sie diese Pein ertragen kann.

Heute verpassen reiche Nationen den armen Nationen aus Wohlwollen eine Zwangsjacke aus Verkehrsstauungen, Krankenhausaufenthalten und Klassenzimmern und nennen das nach internationalem Übereinkommen „Entwicklung". Die Reichen, Schulgebildeten und Alten dieser Welt versuchen, ihre zweifelhaften Segnungen mitzuteilen, indem sie der Dritten Welt ihre abgepackten Lösungen aufzwingen. In Sao Paulo kommt es zu Verkehrsstauungen, während in Nordostbrasilien eine Million Menschen 800 Kilometer auf der Flucht vor der Dürre zu Fuß zurücklegen. Lateinamerikanische Ärzte erhalten im New Yorker Krankenhaus für Spezialchirurgie eine Ausbildung, die sie nur wenigen zugute kommen lassen, während in den Slums, wo 90 Prozent der Bevölkerung wohnen, die Amöbenruhr endemisch bleibt. Eine winzige Minderheit erhält in Nordamerika eine fortgeschrittene Ausbildung in Grundzügen der Naturwissenschaft, für deren Kosten nicht selten ihre eigenen Regierungen aufkommen. Falls sie überhaupt nach Bolivien zurückkehren, werden sie in La Paz oder Cochibamba zweitklassige Lehrer in hochtrabenden Fächern. Die Reichen exportieren veraltete Modelle ihrer Standardprodukte.

Die Allianz für den Fortschritt ist ein gutes Beispiel für die gutgemeinte Erzeugung von Unterentwicklung. Im Widerspruch zu ihren Parolen hat sie Erfolg gehabt – als Allianz für den Fortschritt der Verbraucherklasse und für die Zähmung der Massen in Lateinamerika. Die Allianz war ein großer Schritt bei der Modernisierung der Verbrauchergewohnheiten des südamerikanischen Bürgertums, indem sie dieses in die vorherrschende Kultur des nordamerikanischen Mutterlandes integriert hat. Gleichzeitig hat die Allianz die Wünsche der meisten Bürger modernisiert und deren Forderungen auf nichtvorhandene Produkte fixiert.

Jedes Auto, das Brasilien auf die Straße schickt, versagt fünfzig Menschen ein gutes Autobusnetz. Jeder verkaufte Kühlschrank verringert die Aussicht, daß ein öffentlicher Kühlraum gebaut wird. Jeder Dollar, der in Lateinamerika für Ärzte und Krankenhäuser ausgegeben wird, kostet, wie der hervorragende chilenische Nationalökonom Jorge de Ahumada gesagt hat, hundert Menschenleben. Hätte man jeden Dollar für die Bereitstellung unschädlichen Trinkwassers ausgegeben, so hätte man hundert Menschen das Leben retten können. Jeder Dollar für das Schulwesen bedeutet mehr Privilegien für die wenigen auf Kosten der vielen; bestenfalls vermehrt er die Zahl derer, die, ehe sie durchfallen, gelernt haben, daß diejenigen, welche länger bleiben, das Recht auf mehr Macht, Reichtum und Ansehen erwerben. Ein solches Schulwesen lehrt nur die Geschulten, daß die noch besser Geschulten ihnen überlegen sind. Alle lateinamerikanischen Länder sind verzweifelt darum bemüht, ihr Schulsystem zu erweitern. Kein Land gibt heute weniger als 18 Prozent seines Steueraufkommens für Bildungszwecke aus, d.h. für Schulen – und viele Länder wenden fast das Doppelte auf. Aber selbst mit diesen gewaltigen Investitionen ist es noch keinem Land gelungen, mehr als einem Drittel seiner Bevölkerung fünf volle Schuljahre zu ermöglichen; Angebot und Nachfrage im Schulwesen entfernen sich in geometrischer Progression voneinander. Was für die Schulen gilt, das gilt bei der Modernisierung der Dritten Welt ebenso für die Produkte der meisten andern Institutionen.

Dauernde technische Verbesserungen an Produkten, die schon auf dem Markt eingeführt sind, kommen dem Erzeuger häufig viel mehr zugute als dem Verbraucher. Die komplizierteren Produktionsverfahren pflegen es nur den größten Produzenten zu ermöglichen, daß sie ihre überholten Modelle ständig ersetzen. Sie sind dazu angetan, die Wünsche des Verbrauchers auf nebensächliche Verbesserungen der gekauften Ware zu richten, was immer die Begleiterscheinungen sein mögen: höhere Preise, verringerte Haltbarkeit, verminderte allgemeine Nützlichkeit und höhere Reparaturkosten. Man bedenke nur die vielfältigen Verwendungsmöglichkeiten eines gewöhnlichen Dosenöffners, während ein elektrischer, falls er überhaupt funktioniert, nur bestimmte Dosentypen öffnet, aber hundertmal soviel kostet.

Das gilt gleichermaßen für eine landwirtschaftliche Maschine und für ein Hochschuldiplom. Den Farmer im Mittelwesten der USA kann man davon überzeugen, daß er ein vierachsiges Fahrzeug benötigt, das auf der Landstraße 120 Kilometer schafft, einen elektrischen Scheibenwischer und Polstersitze hat und nach einem oder zwei Jahren gegen einen neuen Wagen einzutauschen ist. Die meisten Landwirte der Welt brauchen solche Geschwindigkeiten nicht, sind noch niemals solchem Komfort begegnet und sind am Veralten nicht interessiert. In einer Welt, wo Zeit nicht Geld bedeutet, wo handgetriebene Scheibenwischer genügen und wo eine schwere Maschine ein Menschenalter halten soll, brauchen sie billige Fahrzeuge. So ein Maschinenesel muß ganz anders gebaut und entworfen sein als der, den man für den amerikanischen Markt produziert. Ein solches Fahrzeug gibt es nicht.

Der größte Teil Südamerikas benötigt halbmedizinische Hilfskräfte, die lange Zeit ohne Aufsicht eines Arztes arbeiten können. Anstatt Hebammen und reisende Heilgehilfen auszubilden, die selbständig arbeiten und mit einem sehr begrenzten Arsenal an Medikamenten umgehen können, gründen die lateinamerikanischen Universitäten jedes Jahr eine neue Schwesternschule für Spezialbehandlung oder einen Zweig des Gesundheitswesens zur Vorbereitung von Fachkräften, die nur in einem Krankenhaus arbeiten können, sowie von Pharmazeuten, die sich auf den Verkauf immer gefährlicherer Drogen verstehen.

Die Welt nähert sich einer Sackgasse, in der zwei Entwicklungen zusammentreffen: immer mehr Menschen haben immer weniger Entscheidungsfreiheit. Der vielberedete Bevölkerungszuwachs ruft Panik hervor. Das Schwinden von Entscheidungsmöglichkeiten verursacht Qualen, wird aber ständig übersehen. Die Bevölkerungsexplosion überwältigt die Phantasie, aber die fortschreitende Verkümmerung sozialer Phantasie wird als zunehmendes Angebot verschiedener Marken rationalisiert. Die beiden Prozesse münden in eine Sackgasse: die Bevölkerungsexplosion liefert mehr Verbraucher für alles, von Nahrungsmitteln bis zu Verhütungsmitteln, während unsere schrumpfende Phantasie sich eine Befriedigung ihrer Bedürfnisse anders als durch die heute in den vielbewunderten Gesellschaften angebotenen Packungen nicht mehr vorstellen kann.

Ich werde diese beiden Faktoren nacheinander behandeln, weil sie meiner Meinung nach die beiden Koordinaten bilden, welche es uns ermöglichen, Unterentwicklung zu definieren.

In den meisten Ländern der Dritten Welt wächst zugleich mit der Bevölkerung das Bürgertum. Einkommen, Verbrauch und Wohlstand des Bürgertums wachsen, während sich gleichzeitig die Kluft zwischen ihm und der Masse der Bevölkerung verbreitert. Selbst dort, wo der Pro-Kopf-Verbrauch wächst, bekommen die meisten Menschen heute im Vergleich zu 1945 weniger zu essen, weniger tatsächliche Versorgung im Krankheitsfall, weniger sinnvolle Arbeit und weniger Schutz. Das ist teilweise eine Folge des polarisierten Verbrauchs und wird teilweise durch den Zusammenbruch der traditionellen Familie und Kultur verursacht. Nicht nur in absoluten Zahlen, sondern auch im Verhältnis zur Weltbevölkerung leiden 1969 mehr Menschen Schmerzen, Hunger und Obdachlosigkeit als gegen Ende des Zweiten Weltkrieges.

Diese greifbaren Folgen der Unterentwicklung nehmen überhand; nun ist aber Unterentwicklung auch ein Geisteszustand, und ihn als solchen oder als eine Art von Bewußtsein zu verstehen, ist das eigentliche Problem. Als Geisteszustand tritt die Unterentwicklung dann auf, wenn die Bedürfnisse der Massen umgewandelt werden in Nachfrage nach neuen Marken abgepackter Lösungen, die für die Mehrheit immer unerreichbar bleiben. Solche Unterentwicklung greift rasend schnell selbst in solchen Ländern um sich, in denen das Angebot von Klassenzimmern, Autos, Kalorien und Kliniken gleichfalls zunimmt. Die herrschenden Gruppen in diesen Ländern bauen Dienstleistungsbetriebe auf, die für eine Wohlstandsgesellschaft entworfen wurden; haben sie erst einmal die Nachfrage dergestalt monopolisiert, können sie die Bedürfnisse der Mehrheit nie mehr befriedigen.

Unterentwicklung als Bewußtseinsform ist eine extreme Folge dessen, was wir mit Marx und Freud gleichermaßen „Verdinglichung" nennen können: die Wahrnehmung echter Bedürfnisse verhärtet sich zur Nachfrage nach Erzeugnissen der Massenproduktion. Ich meine die Übersetzung von Durst in ein Verlangen nach Coca-Cola. Solche Verdinglichung vollzieht sich bei der Manipulierung menschlicher Urbedürfnisse durch riesige Bürokratien, denen es gelungen ist, die Phantasie potentieller Verbraucher zu beherrschen. Kehren wir zu meinem Beispiel aus dem Bildungswesen zurück. Die intensive Förderung des Schulwesens führt zu einer so weitgehenden Identifizierung von Schulbesuch und Bildung, daß die beiden

Begriffe im täglichen Sprachgebrauch auswechselbar werden. Ist erst einmal die Phantasie einer ganzen Bevölkerung „verschult" oder auf die Überzeugung gedrillt, daß die Schule das Monopol der Bildung besitze, dann kann man die Analphabeten besteuern, um den Kindern der Reichen eine kostenlose Schul- und Hochschulbildung zu verschaffen.

Unterentwicklung entsteht, wenn durch den intensiven Vertrieb von „Patentprodukten" die Wünsche angehoben werden. Insoweit ist die gegenwärtig stattfindende dynamische Unterentwicklung gerade das Gegenteil von dem, was ich für Bildung halte: nämlich das erwachende Bewußtsein von neuen Höhen menschlichen Vermögens und die Anwendung der eigenen schöpferischen Kraft, um das menschliche Leben zu fördern. Die Unterentwicklung hingegen bedeutet, daß das gesellschaftliche Bewußtsein vor abgepackten Lösungen kapituliert.

Der Vorgang, bei dem der Vertrieb „ausländischer" Produkte die Unterentwicklung verstärkt, wird häufig nur höchst oberflächlich begriffen. Derselbe Mensch, den der Anblick einer Coca-Cola-Fabrik in einem lateinamerikanischen Slum empört, empfindet häufig Stolz, wenn er sieht, daß daneben eine neue Volksschule gebaut wird. Er mißbilligt die ausländische Lizenz für ein Erfrischungsgetränk und würde lieber „Cola-Mex" haben. Derselbe Mensch ist aber bereit, seinen Mitbürgern um jeden Preis Schulen aufzuzwingen; er bemerkt nicht die unsichtbare Lizenz, durch den diese Einrichtung mit dem Weltmarkt eng verknüpft ist.

Vor einigen Jahren sah ich zu, wie Arbeiter in einer ebenen Wüste im Mexquital eine zwanzig Meter hohe Coca-Cola-Reklame errichteten. Das Hochland von Mexiko war soeben erst von einer schweren Dürre und Hungersnot heimgesucht worden. Mein Gastgeber, ein armer Indianer in Ixmiquilpan, hatte gerade seinen Gästen ein kleines Schnapsglas von dem teuren schwarzen Zuckerwasser angeboten. Wenn ich daran denke, empfinde ich heute noch Zorn; aber viel wütender werde ich, wenn ich an UNESCO-Sitzungen denke, bei denen wohlmeinende und gutbezahlte Beamte allen Ernstes lateinamerikanische Lehrpläne erörtern, oder wenn mir die Reden begeisterter Liberaler einfallen, die mehr Schulen fordern.

Der Betrug, den die Verkäufer von Schulen begehen, ist weniger offenkundig, aber viel grundlegender als die geschäftliche Selbstzufriedenheit der Vertreter von Coca-Cola und Ford, weil der Schulmann seine Leute mit einer viel anspruchsvolleren Droge angelt. Der Volksschulbesuch ist kein harmloser Luxus, sondern gleicht eher dem Coca-Kauen der Indianer in den Anden, das den Arbeiter dem Boß unterwirft.

Je größer die Dosis an Schulbildung ist, die der einzelne erhalten hat, um so bedrückender ist seine Erfahrung beim Ausscheiden. Wer in der siebten Klasse durchfällt, empfindet seine Unterlegenheit viel bitterer als ein „Durchfaller" in der dritten Klasse. Die Schulen der Dritten Welt flößen ihr Opium viel wirkungsvoller ein als zu früheren Zeiten die Kirchen. Je mehr eine Gesellschaft geistig geschult wird, um so mehr verlieren ihre Angehörigen allmählich das Gefühl dafür, daß es vielleicht möglich wäre zu leben, ohne andern unterlegen zu sein. Während die Mehrheit vom Land in die Großstadt überwechselt, tritt an die Stelle der erblichen Unterlegenheit des Peons die Unterlegenheit des Schulversagers, den man für sein Scheitern persönlich verantwortlich macht. Schulen rationalisieren den göttlichen Ursprung der gesellschaftlichen Schichtung viel starrer, als es Kirchen jemals getan haben.

Bis heute hat noch kein Land Jugendliche, die zu wenig Coca-Cola oder Autos konsumieren, zu Gesetzesbrechern erklärt, wohl aber haben alle lateinamerikanischen Länder Gesetze erlassen, die den frühzeitigen „Durchfaller" als einen Bürger hinstellen, der seinen gesetzlichen Verpflichtungen nicht nachgekommen ist. Die brasilianische Regierung hat unlängst die Zahl der Jahre, in denen Schulunterricht obligatorisch und kostenlos ist, beinahe verdoppelt. Von jetzt an wird jeder Brasilianer, der vor seinem sechzehnten Lebensjahr durchfällt, sein Leben lang dem Vorwurf begegnen, daß er ein gesetzlich verordnetes Privileg nicht ausgenutzt hat. Dieses Gesetz wurde in einem Lande erlassen, wo selbst die größten Optimisten nicht den Tag absehen können, an dem ein solches Maß an Schulbildung auch nur für 25 Prozent der Jugend erreichbar sein wird. Die Übernahme internationaler Maßstäbe für Schulbildung verdammt die meisten Lateinamerikaner in alle Ewigkeit dazu, randständig oder vom Leben der Gesellschaft ausgeschlossen zu sein – kurzum, zur Unterentwicklung.

Die Übersetzung gesellschaftlicher Ziele in Konsumniveau beschränkt sich nicht nur auf ein paar Länder. Über alle kulturellen, weltanschaulichen und geographischen Grenzen hinweg schreiten die Nationen heute zur Errichtung eigener Automobilfabriken, eigener Ärzte- und Grundschulen – und die meisten davon sind kümmerliche Nachahmungen ausländischer, großenteils nordamerikanischer Vorbilder.

Die Dritte Welt bedarf einer durchgreifenden Revolutionierung ihrer

Institutionen. Die Revolutionen des letzten Menschenalters waren überwiegend politischer Natur. Eine neue Gruppe von Männern mit neuer ideologischer Rechtfertigung ergriff die Macht, um im wesentlichen die gleichen Institutionen in Schulwesen, Gesundheitspflege und Wirtschaftsleben im Interesse einer neuen Gruppe von Nutznießern zu verwalten. Da sich die Institutionen nicht radikal verändert haben, bleibt die neue Gruppe von Nutznießern annähernd ebenso groß wie die frühere. Das zeigt sich deutlich beim Bildungswesen. Die Pro-Kopf-Kosten der Schulbildung sind heute überall annähernd gleich, weil die Maßstäbe, nach denen sich der Wert der Schulbildung bestimmt, im allgemeinen international sind. Der Zugang zu öffentlich finanzierten Bildungseinrichtungen, worunter man Zugang zu Schulen versteht, hängt überall vom Einkommen des einzelnen ab. (Vielleicht sind Länder wie China und Nordvietnam vielsagende Ausnahmen.)

Im Hinblick auf die egalitäre Zielsetzung, für die sie reproduziert werden, sind heute in der Dritten Welt moderne Institutionen überall ganz ungemein unproduktiv. Solange aber die soziale Phantasie der Mehrheit noch nicht durch eine Fixierung auf diese Institutionen zerstört ist, erscheint es hoffnungsvoller, eine institutionelle Revolution in der Dritten Welt als unter den Reichen zu planen. Deshalb ist es so dringend nötig, brauchbare Alternativen zu „modernen" Lösungen zu entwickeln.

In vielen Ländern droht die Unterentwicklung chronisch zu werden. Die Revolution, von der ich spreche, muß stattfinden, ehe das eintritt. Wiederum liefert das Bildungswesen ein gutes Beispiel. Hier kommt es zu chronischer Unterentwicklung, wenn sich die Nachfrage nach Schulen so stark ausbreitet, daß die totale Konzentration aller Mittel auf das Schulwesen zur einmütigen politischen Forderung erhoben wird. Von da an wird die Trennung von Bildung und Schulwesen unmöglich.

Die einzig brauchbare Antwort auf die stetig zunehmende Unterentwicklung ist eine Befriedigung grundlegender Bedürfnisse, die langfristig für Gebiete geplant wird, welche immer eine andersartige Kapitalstruktur aufweisen werden. Über Alternativen zu vorhandenen Institutionen, Dienstleistungen und Produkten zu reden, ist einfacher, als solche Alternativen zu beschreiben. Ich will hier weder ein Utopia schildern noch Drehbücher für eine andersartige Zukunft schreiben. Wir müssen uns mit Beispielen begnügen, welche auf einfache Weise die Richtung andeuten, in der die Forschung sich bewegen müßte.

Einige solche Beispiele wurden bereits gegeben. Autobusse als Alternative zu einer Vielzahl von Privatwagen. Fahrzeuge für den langsamen Transport auf unebenem Gelände sind eine Alternative zu den üblichen Lastwagen. Saubers Wasser ist eine Alternative zu kostspieliger Chirurgie. Heilgehilfen sind eine Alternative zu Ärzten und Krankenschwestern. Gemeindliche Vorratshaltung ist eine Alternative zu aufwendigen Kücheneinrichtungen. Es gibt Dutzende von anderen Alternativen. Warum sollte man nicht beispielsweise Zufußgehen als langfristige Alternative für maschinelle Fortbewegung erwägen und untersuchen, welche Anforderungen damit an den Stadtplaner gestellt werden? Und warum läßt sich der Bau von Schutzräumen nicht standardisieren, lassen sich Bauteile nicht vorfertigen, kann nicht jeder Bürger in einem Jahr öffentlicher Dienstpflicht angehalten werden, wie er sich selber eine hygienische Behausung errichtet?

Schwieriger ist es, über Alternativen im Bildungswesen zu sprechen. Das liegt teilweise daran, daß in letzter Zeit die Schulen die vorhandenen Reserven an Bereitwilligkeit, Phantasie und Geld aufgebraucht haben. Aber auch hier können wir der Forschung Hinweise geben.

Gegenwärtig versteht man unter Schulbildung ein abgestuftes, mit Lehrplänen ausgestattetes System, in welchem Kinder während einer ununterbrochenen Reihe von Jahren etwa tausend Stunden jährlich im Klassenzimmer anwesend sind. Lateinamerikanische Länder können diese Leistung im Durchschnitt für jeden Bürger acht bis dreißig Monate lang aufbringen. Warum soll man stattdessen nicht für alle Bürger unter dreißig einen Schulbesuch von ein bis zwei Monaten jährlich zur Pflicht machen?

Jetzt wird das Geld großenteils für Kinder ausgegeben, doch kostet die Unterweisung eines Erwachsenen im Lesen nur ein Zehntel an Geld und Zeit. Bei dem Erwachsenen zahlt sich die Investition sofort aus, ob man nun die Bedeutung seines Lernens primär in seiner neuen Einsicht, seinem politischen Bewußtsein und seiner Bereitschaft sieht, selber die Verantwortung für Größe und Zukunft seiner Familie zu übernehmen, oder ob man das Hauptgewicht auf die gesteigerte Produktivität legt. Beim Erwachsenen gibt es einen doppelten Ertrag, weil er zur Bildung nicht nur seiner Kinder, sondern auch anderer Erwachsener beitragen kann. Trotz dieser Vorteile finden elementare Bildungsprogramme in Lateinamerika nur geringe Unterstützung, weil Schulen dort bevorzugt mit öffentlichen Mitteln ausgestattet werden. Schlimmer noch ist, daß solche Programme heute in Brasilien und anderswo rücksichtslos verboten werden, weil dort die militärischen Helfershelfer der früheren feudalen oder industriellen Oligarchie ihre menschenfreundliche Maske abgelegt haben.

Eine weitere Möglichkeit ist schwieriger zu beschreiben, weil es dafür bisher noch kein Beispiel gibt. Wir müssen uns daher vorstellen, die öffentlichen Mittel für Bildungszwecke würden dergestalt verteilt, daß jedem Bürger eine Mindestchance eingeräumt wird. Um Bildungs*politik* wird sich die Mehrheit der Wähler erst dann kümmern, wenn jeder einzelne eine genaue Vorstellung davon hat, welche Mittel für Bildungszwecke ihm zustehen – und auch eine Vorstellung davon, wie er sie sich verschaffen kann. Man könnte sich eine Art Grundrecht denken, demzufolge die für Bildungszwecke bestimmten öffentlichen Mittel durch die Zahl der im Schulalter stehenden Kinder geteilt wird; das Gesetz müßte sicherstellen, daß ein Kind, falls es seinen Anteil im Alter von sieben, acht oder neun Jahren nicht in Anspruch genommen hat, den angesammelten Betrag mit zehn Jahren zur Verfügung hat.

Was könnte die kümmerliche Bildungsbeihilfe, die eine lateinamerikanische Republik ihren Kindern bieten könnte, ausrichten? Fast alles Nötigste an Büchern, Bildern, Blöcken, Spielgerät und Spielzeug, was heute in den Häusern der wirklich Armen vollständig fehlt, was aber ein Kind der Mittelschicht instand setzen würde, das Alphabet, Farben, Formen und andere Dinge und Erfahrungen kennenzulernen, die seine Weiterbildung sicherstellen. Der Unterschied zwischen solchen Dingen und Schulen liegt auf der Hand. Leider kommen die Armen, für die allein der Unterschied eine Wirklichkeit darstellt, nie dazu, sich dazwischen zu entscheiden.

Alternativen zu den Produkten und Institutionen zu schildern, die heute das Feld beherrschen, ist nicht nur, wie ich zu zeigen versucht habe, deshalb schwierig, weil diese Produkte und Institutionen unser Bild von der Wirklichkeit gestalten, sondern auch deshalb, weil der Entwurf neuer Möglichkeiten eine größere Anstrengung des Willens und Verstandes erfordert, als gewöhnlich durch Zufall zustande kommt. Diese Konzentration von Willen und Verstand auf die Lösung bestimmter Probleme ungeachtet ihrer Natur nennen wir seit über hundert Jahren Forschung.

Ich muß jedoch klarstellen, über welche Forschung ich hier rede. Ich rede nicht über Grundlagenforschung in Physik, Technik, Genetik, Medizin oder Geisteswissenschaften. Die Arbeit von Männern wie Crick, Piaget oder Gell-Mann muß auch künftig unsern Horizont auf andern naturwissenschaftlichen Gebieten erweitern helfen. Die Laboratorien, Bibliotheken und speziell ausgebildeten Mitarbeiter, derer diese Männer bedürfen, zwingen sie, sich auf wenige Forschungszentren der Welt zu konzentrieren. Ihre Forschung kann die Grundlage für völlig neue Entwicklungen auf nahezu jedem beliebigen Gebiet liefern.

Ich spreche hier nicht von den Dollarmilliarden, die alljährlich für angewandte Forschung ausgegeben werden, denn dieses Geld wird weitgehend von vorhandenen Institutionen für Vervollkommnung und Vertrieb ihrer eigenen Produkte ausgegeben. Angewandte Forschung ist Geld, das dafür ausgegeben wird, daß Flugzeuge schneller und Flughäfen sicherer werden; daß Medikamente spezieller und stärker und daß Ärzte instand gesetzt werden, deren tödliche Nebenwirkungen zu meistern; daß mehr Wissen in die Klassenräume gepackt wird und daß Methoden entwickelt werden, um mit großen Beamtenstäben umgehen zu können. Hier handelt es sich um jene Art von Forschung, die wir irgendwie in den Griff bekommen müssen, wenn wir überhaupt eine Chance haben sollen, Alternativen zum Auto, zum Krankenhaus und zur Schule zu entwickeln und zu den vielen andern sogenannten „offensichtlich notwendigen Bestandteilen des modernen Lebens".

Ich denke an eine ganz andere, besonders schwierige Art von Forschung, die aus naheliegenden Gründen bisher fast vernachlässigt worden ist. Ich fordere Forschung nach Alternativen zu den Produkten, die heute den Markt beherrschen: zu Krankenhäusern und dem Beruf, der sich bemüht, die Kranken am Leben zu erhalten; zu Schulen und dem daraus resultierenden Verfahren, welches denen Bildung verweigert, die nicht das richtige Alter haben, die nicht den richtigen Lehrplan absolviert haben, die nicht genug Stunden nacheinander im Klassenzimmer gesessen sind, die ihr Lernen nicht damit bezahlen wollen, daß sie sich einer fürsorglichen Aufsicht, einer Überprüfung und Bescheinigungen unterwerfen oder sich die Wertvorstellungen der herrschenden Elite eintrichtern lassen.

Diese Gegenforschung über Alternativen zu derzeitigen abgepackten Lösungen ist der am dringendsten benötigte Faktor, wenn die armen Nationen eine lebenswerte Zukunft haben sollen. Solche Gegenforschung unterscheidet sich von dem größten Teil der Arbeit, die im Namen des „Jahres 2000" getan wird; denn der größte Teil *dieser* Arbeit erstrebt radikale Veränderungen der Gesellschaftsordnung durch Korrekturen an der Organisation einer schon weit fortgeschrittenen Technologie. Die Gegenforschung, von der ich spreche, muß unter anderm ausgehen von dem anhaltenden Kapitalmangel in der Dritten Welt.

Die Schwierigkeiten solcher Forschung liegen auf der Hand. Zunächst einmal muß der Forscher an allem zweifeln, was jedermann einleuchtend findet. Zum andern muß er die Inhaber der Entscheidungsgewalt überreden, daß sie gegen ihre kurzfristigen Interessen handeln, oder muß sie derentwegen unter Druck setzen. Schließlich muß er als einzelner in einer Welt überleben, die er grundlegend zu verändern sucht, so daß diejenigen, welche mit ihm der privilegierten Minderheit angehören, in ihm den Mann sehen, der den Grund zerstört, auf dem wir alle stehen. Er weiß, falls er im Interesse der Armen Erfolg hätte, könnten technisch hochentwickelte Gesellschaften gleichwohl die „Armen" beneiden, die sich dieses Ziel zu eigen machen.

Wer Entwicklungspolitik entwirft, folgt einem normalen Weg, ob er nun in Nord- oder Südamerika, in Rußland oder Israel lebt. Diese Menschen definieren Entwicklung und bestimmen deren Ziele auf eine Weise, an die sie gewöhnt sind, um ihre eigenen Bedürfnisse zu befriedigen, und die es ihnen gestattet, sich der Institutionen zu bedienen, über die sie Macht oder Kontrolle ausüben. Diese Methode hat versagt und muß versagen. Es gibt nicht genug Geld auf der Welt, um Entwicklung auf diesem Wege zum Erfolg zu führen, nicht einmal wenn die Weltmächte ihre Rüstungs- und Raumfahrtbudgets zusammenlegten.

Einen ähnlichen Kurs steuern diejenigen, die den Versuch einer politischen Revolution unternehmen, zumal in der Dritten Welt. Gewöhnlich versprechen sie, daß sie die bekannten Vorrechte der heutigen Elite, also Schulen, Krankenhäuser usw., allen Bürgern zugänglich machen würden; und sie gründen dieses eitle Versprechen auf die Überzeugung, ein Wechsel des politischen Regimes werde es ihnen gestatten, die Institutionen, welche diese Privilegien produzieren, ausreichend zu vergrößern. Versprechungen und Appelle dieser Revolutionäre werden also von der Gegenforschung, die ich empfehle, ebenso bedroht wie die Märkte der jetzt vorherrschenden Produzenten.

In Vietnam hat ein Volk auf Fahrrädern, das mit zugespitzten Bambusstöcken bewaffnet war, die höchstentwickelte Apparatur für Forschung und Erzeugung, die es jemals gegeben hat, zum Stillstand gebracht. Wir müssen in einer Dritten Welt zu überleben versuchen, in der menschliche Erfindungsgabe die Macht der Maschinen friedlich überwinden kann. Um die unheilvolle Tendenz zu steigender Unterentwicklung zur Umkehr zu bringen, gibt es nur einen Weg, so schwierig er auch ist: über heute gültige Lösungen zu lachen, um die Nachfrage zu beseitigen, die diese nötig macht. Nur freie Menschen können ihren Sinn ändern und sich überraschen lassen, und wenn kein Mensch vollständig frei ist, so sind manche doch freier als andere.

# Aufruf zur Feier

*Dieser ‚Aufruf zur Feier' war ein Manifest, das ein Freundeskreis, unter ihnen Robert Fox und Robert Theobald, gemeinsam verkündete und dessen Stimmung es spiegelt. Es wurde zur Zeit des Marsches auf das Pentagon geschrieben. Dieser Aufruf, der sich den Tatsachen stellen will, statt Illusionen zu fördern, der Veränderung vorleben will, statt sich auf die Technik zu verlassen, ist gleichzeitig ein Versuch, den Begriff „Celebration" (Feier) wieder in unseren Sprachgebrauch einzuführen.*

Ich und viele andere, die mir bekannt sind oder auch nicht, rufen euch auf:

zur Feier unserer gemeinsamen Kräfte, damit alle Menschen *die* Nahrung, Kleidung und Behausung erhalten, derer sie bedürfen, um sich des Lebens zu erfreuen;

zu gemeinsamer Entdeckung dessen, was wir tun müssen, damit die unbegrenzte Macht der Menschheit dazu benutzt wird, jedem von uns Menschlichkeit, Würde und Freude zu verschaffen;

zu verantwortlicher Bewußtheit unserer persönlichen Fähigkeit, unsern wahren Gefühlen Ausdruck zu verleihen und uns dabei zusammenzuschließen.

Wir können diese Veränderungen nur leben; wir können unsern Weg zur Menschlichkeit nicht denken. Jeder einzelne von uns und jede Gruppe, in der wir leben und arbeiten, muß zum Modell des Zeitalters werden, das wir zu schaffen begehren. Die vielen Modelle, die dabei entstehen, müßten jedem von uns eine Umwelt bescheren, in der wir unser Vermögen feiern und den Weg in eine menschlichere Welt entdecken können.

Wir sind herausgefordert, die überholten gesellschaftlichen und wirtschaftlichen Ordnungen aufzubrechen, die unsere Welt zwischen Überprivilegierte und Unterprivilegierte aufteilen. Wir alle – ob Minister oder Protestler, Geschäftsmann oder Arbeiter, Professor oder Student – sind Mitschuldige. Wir haben es unterlassen herauszufinden, wie die notwendigen Veränderungen unserer Ideale und unserer gesellschaftlichen Strukturen herbeigeführt werden können. Daher verursachen wir alle durch unser Unvermögen und durch unsern Mangel an verantwortlichem Bewußtsein das Leiden ringsum in der Welt.

Wir sind alle verkrüppelt – manche körperlich, manche geistig, manche seelisch. Deshalb müssen wir gemeinsam daran arbeiten, die neue Welt zu schaffen. Es ist keine Zeit mehr für Zerstörung, für Haß, für Zorn. Wir müssen aufbauen: in Hoffnung, Freude und Feier. Lassen wir ab davon, die Strukturen des industriellen Zeitalters zu bekämpfen. Suchen wir lieber nach dem neuen Zeitalter des Überflusses mit selbstgewählter Arbeit und mit der Freiheit, der Trommel des eigenen Herzens zu folgen. Laßt uns erkennen, daß das Streben nach Selbstverwirklichung, nach Poesie und Spiel dem Menschen eigentümlich ist, sobald seine Bedürfnisse nach Nahrung, Kleidung und Behausung befriedigt sind, und laßt uns diejenigen Tätigkeitsgebiete auswählen, die zu unserer eigenen Entwicklung beitragen und für unsere Gesellschaft etwas bedeuten.

Wir müssen aber auch erkennen, daß unser Vorstoß zur Selbstverwirklichung grundlegend behindert wird durch überholte Strukturen des industriellen Zeitalters. Gegenwärtig werden wir durch das Gewicht der ständig wachsenden Kräfte des Menschen zugleich eingeengt und angetrieben. Die bestehenden Ordnungen zwingen uns, jedes Waffensystem, das von der Technik ermöglicht wird, zu entwickeln und hinzunehmen. Unsere gegenwärtigen Ordnungen zwingen uns, jede Verbesserung von Maschinen, Ausrüstung, Material und Zufuhren zu entwickeln und hinzunehmen, welche die Produktion steigern und die Kosten senken. Unsere gegenwärtigen Ordnungen zwingen uns, die Werbung und die Verführung der Konsumenten zu fördern und hinzunehmen.

Um den Bürger davon zu überzeugen, daß er über sein Schicksal bestimmt, daß das Sittengesetz die Entscheidungen lenkt und daß die Technik eher Diener als Antreiber ist, muß man heute die Informationen verzerren. Das Ideal, die Öffentlichkeit zu unterrichten, ist dem Versuch gewichen, die Öffentlichkeit davon zu überzeugen, daß erzwungene Aktionen tatsächlich wünschenswerte Aktionen seien.

Fehlrechnungen bei diesen immer komplizierter werdenden Rechtfertigungen und die daraus folgenden Skandale liefern die Erklärung dafür, daß die Ehrlichkeit derer, die im privaten und öffentlichen Leben Entscheidungen treffen, immer häufiger in Frage gestellt wird. Daher liegt es nahe, diejenigen anzugreifen, die als politische Führer, Beamte, Manager, Verwalter, Gewerkschaftsführer, Professoren, Studenten oder Eltern eine Rolle spielen. Solche Angriffe auf einzelne verhüllen jedoch häufig die wahre Natur der Krise, mit der wir es zu tun haben: die dämonische Natur der gegenwärtigen Ordnungen, welche den Menschen zwingen, seiner immer tiefer gehenden Selbstzerstörung zuzustimmen.

Wir können diesen entmenschlichenden Ordnungen entrinnen. Den Ausweg werden diejenigen finden, die nicht bereit sind, sich von den scheinbar alles bestimmenden Kräften und Strukturen des industriellen Zeitalters einengen zu lassen. Unsere Freiheit und unsere Macht hängen von unserer Bereitschaft ab, Verantwortung für die Zukunft zu übernehmen.

Die Zukunft ist ja bereits in die Gegenwart eingebrochen. Jeder von uns lebt in vielen Zeiten. Die Gegenwart des einen ist die Vergangenheit eines andern und die Zukunft wieder eines andern. Wir sind zu einem Leben aufgerufen, in dem wir wissen und zeigen, daß es die Zukunft gibt und daß jeder von uns, wenn wir so wollen, die Zukunft in Anspruch nehmen kann, um sie gegen die Vergangenheit aufzuwiegen.

In der Zukunft müssen wir der Anwendung von Zwang und Autorität ein Ende machen, also der Fähigkeit, aufgrund der eigenen hierarchischen Stellung zu verlangen, daß etwas getan werde. Wenn man das Wesen des neuen Zeitalters überhaupt in eine Formel fassen kann, so lautet diese: *das Ende von Privileg und Bevorzugung.* Autorität sollte erwachsen aus der besonderen Fähigkeit, ein bestimmtes gemeinsames Vorhaben zu fördern.

Wir müssen von dem Versuch ablassen, unsere Probleme dadurch zu lösen, daß wir Machtverhältnisse verschieben oder versuchen, leistungsfähigere bürokratische Apparate zu schaffen.

Wir rufen euch auf, teilzunehmen am Wettlauf des Menschen um Reife, und mit uns zusammenzuarbeiten an der Erfindung der Zukunft. Wir glauben, daß ein großes Abenteuer der Menschheit eben anhebt: daß die Menschheit bisher daran gehindert wurde, ihre erneuernden und schöpferischen Kräfte zu entwickeln, weil sie von Mühsal überwältigt wurde. Jetzt steht es uns frei, so menschlich zu sein, wie wir wollen.

Feiern wir des Menschen Menschlichkeit, indem wir uns zusammenfinden in der heilenden Gestaltung unserer Beziehungen zu andern und indem wir mehr und mehr ja sagen zu unserer eigenen Natur und ihren Bedürfnissen, dann kommt es offensichtlich zu größeren Konfrontationen mit den vorhandenen Wertbegriffen und Ordnungen. Die Ausweitung der Würde jedes Menschen und jeder menschlichen Beziehung muß notwendigerweise vorhandene Ordnungen herausfordern.

Es geht darum, in der Zukunft zu leben. Schließen wir uns freudig zusammen, um unsere Bewußtheit zu feiern, daß wir unserm heutigen Leben die Gestaltung der morgigen Zukunft geben können.

# Struktur einer Kulturrevolution

*Den folgenden Aufsatz habe ich auf Einladung der Verleger des Jahrbuchs ‚Great Ideas' geschrieben, und ich meine, er bildet einen angemessenen Abschluß für dieses Buch. Es handelte sich darum, die entscheidenden Kriterien zu diskutieren, die eine voranschreitende Kulturrevolution in einer technisierten Gesellschaft garantieren. Der Aufsatz erschien als Originalbeitrag in dem Band ‚Great Books Today. 1970', der von der Encyclopaedia Britannica herausgegeben wurde.*

In dem hinter uns liegenden Jahrzehnt haben wir uns daran gewöhnt, die Welt in zwei Teile aufzuteilen: die Entwickelten und die Unterentwickelten. Die Leute im Entwicklungsgeschäft sprechen vielleicht lieber von den entwickelten Nationen und den weniger entwickelten oder in Entwicklung begriffenen Nationen. Dieser Sprachgebrauch gibt zu verstehen, daß Entwicklung sowohl gut als auch unvermeidlich sei. Andere, zumal die Wortführer eines revolutionären Wandels, sprechen von der Dritten Welt und harren des Tages, da die Elenden dieser Erde sich mit Waffengewalt gegen die imperialistischen Mächte erheben und die Kontrolle über vorhandene Institutionen von Norden nach Süden, von Weiß zu Schwarz, vom Mutterland in die Kolonie verlagern werden.

Ein Vulgärbeispiel für die Vorstellung von der Teilung unserer Weltbevölkerung in entwickelte und unterentwickelte Nationen ist der Rockefeller-Bericht über Nord- und Südamerika. Seiner Doktrin hat Präsident Nixon angemessenen Ausdruck verliehen: „Dieses verspreche ich Ihnen heute abend. Die Nation, die für die ganze Menschheit friedlich auf den Mond gefahren ist, ist auch bereit, ihr technisches Wissen im Frieden mit ihren Nachbarn zu teilen." Gouverneur Rockefeller meint seinerseits, daß die Erfüllung dieses Versprechens eine Menge zusätzliche Waffen in Südamerika erfordern werde.

Der Pearson-Bericht über die Partnerschaft bei der Entwicklung ist ein viel differenzierteres Beispiel für die Entwicklungsmentalität. Er umreißt Maßnahmen, die es ein paar mehr Ländern gestatten würden, in den lockenden Kreis der Verbrauchernationen einzutreten, die jedoch die Armut der armen Hälfte in ebendiesen Ländern vermehren würden, weil die vorgeschlagene Politik sie noch viel gründlicher auf Waren und Dienstleistungen festlegen würde, die immer teurer und für sie unerreichbarer werden. Die politischen Ziele der meisten revolutionären Bewegungen und Regierungen, die ich kenne —, und Maos China kenne ich nicht — verraten einen Zynismus anderer Art. Ihre Führer machen eitle Versprechungen: wären sie erst einmal lange genug an der Macht, so würde von dem, was die Massen als Privilegien der Reichen kennen und beneiden gelernt haben, mehr produziert und verteilt werden. Die Lieferanten der Entwicklungshilfe und die Prediger der Revolution versprechen beide mehr von derselben Sache. Sie verstehen unter mehr Bildung mehr Schulzeit, unter mehr Gesundheit mehr Ärzte, unter größerer Beweglichkeit mehr schnelle Autos. Die Verkäufer der nordamerikanischen Industrie, die Experten der Weltbank und die Ideologen der Macht für die Armen vergessen anscheinend, daß Herzchirurgie und

Hochschuldiplome für die Mehrheit noch auf Generationen hinaus unerreichbar bleiben werden.

Die Ziele der Entwicklungspolitik werden immer und überall nach den Verbraucherwerten von Standardpackungen rund um den Nordatlantik bemessen und bedeuten daher immer und überall mehr Vorrechte für wenige. Ein politischer Umbau kann daran nichts ändern; er kann das lediglich rationalisieren. Verschiedene Ideologien schaffen verschiedene Minderheiten von privilegierten Verbrauchern, aber Herzchirurgie und Hochschulbildung bleiben durch ihre Kosten immer mit wenigen Ausnahmen für alle unerreichbar: mögen das nun die Reichen, die Rechtgläubigen oder die verlockendsten Versuchskaninchen für Chirurgen oder Pädagogen sein.

Unterentwicklung ist das Ergebnis eines Geisteszustandes, der sozialistischen und kapitalistischen Ländern gemeinsam ist. Die derzeitigen Ziele der Entwicklungshilfe sind weder wünschenswert noch vernünftig. Leider ist der Anti-Imperialismus kein Gegengift. Zwar ist die Ausbeutung armer Länder eine unleugbare Wirklichkeit, aber der heutige Nationalismus ist lediglich die Bestätigung des Rechts kolonialer Eliten, die Geschichte zu wiederholen und die Straße einzuschlagen, auf der die Reichen den weltweiten Konsum international gehandelter Packungen erreicht haben — eine Straße, die schließlich nur zu weltweiter Verschmutzung und weltweiter Frustration führen kann.

Das eigentliche Problem unserer Zeit bleibt die Tatsache, daß die Reichen reicher werden und die Armen ärmer. Diese harte Tatsache wird häufig durch eine andere, scheinbar widersprechende Tatsache verschleiert. In den reichen Ländern übersteigen die Lebenserwartungen der Armen die kühnsten Träume Ludwigs XIV., während die sogenannten Entwicklungsländer sich einer viel höheren wirtschaftlichen Wachstumsrate erfreuen, als sie die Industrieländer in dem entsprechenden Stadium ihrer Geschichte gekannt haben. Vom Kühlschrank bis zum Wasserklosett und von Antibiotika bis zum Fernsehgerät hält man in Harlem heute Einrichtungen für nötig, von denen George Washington auf seinem Landgut Mount Vernon nicht träumen konnte, wie auch Bolivar die gesellschaftliche Polarisierung nicht voraussehen konnte, die heute in Caracas unausweichlich zu sein scheint. Aber das steigende Niveau weder des Mindestkonsums in den reichen Ländern noch des städtischen Konsums in den armen Ländern vermag die Kluft zwischen reichen und armen Nationen oder zwischen Reichen und Armen in irgendeiner Nation zu schließen. Die heutige Armut ist das Abfallprodukt eines Weltmarktes, der den Ideologien eines industriellen Bürgertums dient. Die heutige Armut ist Bestandteil eines internationalen Gemeinwesens, wo die Nachfrage durch Publizität gelenkt wird, um die Produktion von Standardwaren zu steigern. Auf einem solchen Markt werden die Erwartungen standardisiert und müssen immer den verkäuflichen Produkten davonlaufen.

In den Vereinigten Staaten steigt der Pegel realer Armut, aller schlaraffenlandmäßigen Prosperität zum Trotz, schneller als die mittleren Einkommen. In den kapitalarmen Ländern entfernen sich die mittleren Einkommen schnell vom ansteigenden Durchschnitt. Die meisten Waren, die heute in den USA gleichermaßen für arm und reich produziert werden, sind in andern Gebieten den allermeisten unerreichbar. In reichen wie in armen Nationen wird der Verbrauch polarisiert, während die Erwartungen angeglichen werden.

In dem jetzt beginnenden Jahrzehnt müssen wir eine neue Sprache lernen, eine Sprache, die nicht von Entwicklung und Unterentwicklung spricht, sondern von Vorstellungen über den Menschen, seine Bedürfnisse und Möglichkeiten, die falsch oder richtig sind. Überall in der Welt führen Entwicklungsprogramme mehr und mehr zu Gewalttätigkeiten in Form von Unterdrückung und Aufruhr. Das liegt weder an den bösen Absichten der Kapitalisten noch am ideologischen Starrsinn der Kommunisten, sondern an der radikalen Unfähigkeit des Menschen, mit den Abfallprodukten industrieller und der Wohlfahrt dienender Institutionen fertigzuwerden, die man in der Frühzeit des industriellen Zeitalter entwickelt hatte. Ende der sechziger Jahre hat man plötzlich gemerkt, daß der Mensch außerstande ist, seine Industrie zu überleben. Ende der sechziger Jahre ist deutlich geworden, daß noch nicht zehn Prozent der Menschheit über fünfzig Prozent der Rohstoffe der Erde verbrauchten und neunzig Prozent der Verunreinigung produzieren, welche die Biosphäre auszulöschen droht. Das aber ist nur eine Seite der widersinnigen heutigen Entwicklung. In den ersten siebziger Jahren wird ebenso deutlich werden, daß Wohlfahrtseinrichtungen eine ähnlich regressive Wirkung haben. Die internationale Institutionalisierung von sozialen Dienstleistungen, von Gesundheits- und Bildungswesen, worunter man im allgemeinen Entwicklungshilfe versteht, erzeugt zerstörerische Abfallprodukte von ähnlich übermächtiger Wirkung.

Wir brauchen ein Alternativprogramm – eine Alternative zur Entwicklungshilfe wie zu einer bloß politischen Revolution. Ich möchte dieses Alternativprogramm institutionelle oder kulturelle

Revolution nennen, weil es die Umgestaltung der öffentlichen und privaten Wirklichkeit zum Ziel hat. Der politische Revolutionär will die vorhandenen Institutionen verbessern — ihre Produktivität wie auch die Qualität und Verteilung ihrer Produkte. Seine Vorstellung von dem, was wünschenswert und möglich ist, gründet sich auf Verbrauchergewohnheiten, die in den letzten hundert Jahren entstanden sind. Der Kulturrevolutionär glaubt, daß diese Gewohnheiten unsere Auffassung von dem, was Menschen haben und wünschen können, radikal verzerrt haben. Er stellt die Wirklichkeit in Frage, die den andern selbstverständlich ist — eine Wirklichkeit, die seiner Ansicht nach das künstliche Abfallprodukt heutiger Institutionen ist, von ihnen geschaffen und in Verfolgung ihrer kurzfristigen Ziele verstärkt. Der politische Revolutionär konzentriert sich darauf, für eine Umwelt zu schulen und zu schaffen, welche die reichen Länder, ob sozialistisch oder kapitalistisch, zurechtgezimmert haben. Der Kulturrevolutionär setzt für die Zukunft auf die Bildungsfähigkeit des Menschen.

Man muß den Kulturrevolutionär nicht nur vom politischen Medizinmann unterscheiden, sondern auch von dem Neo-Ludditen\* und dem Befürworter einer vermittelnden Technologie. Der Luddit tut so, als ob der edle Wilde wieder auf den Thron gesetzt oder die Dritte Welt in einen Naturschutzpark für ihn verwandelt werden könnten. Er widersetzt sich eher dem Verbrennungsmotor als dem Verfahren, welches diesen in ein Produkt verpackt, das für den ausschließlichen Gebrauch seines Eigentümers bestimmt ist. Der Luddit gibt also dem Erzeuger die Schuld, während der Institutionsrevolutionär Form und Verteilung des Produktes umzugestalten versucht. Der Luddit gibt der Maschine die Schuld, während der Kulturrevolutionär das Bewußtsein dafür schärft, daß sie nutzlose Nachfrage schafft. Ebenso muß man den Kulturrevolutionär vom Befürworter einer vermittelnden Technologie unterscheiden, der häufig nur ein überlegener Taktiker ist und dem total manipulierten Konsum den Weg bereitet.

Das, was ich unter Kulturrevolution in einer großen internationalen Institution verstehe, möchte ich erläutern, indem ich als Beispiel die Institution nehme, die heute Bildung produziert. Ich meine natürlich die allgemeine Schulpflicht: die ganzzeitige Teilnahme bestimmter Altersgruppen an einem abgestuften Lehrplan.

\*Ludditen waren Anhänger des englischen Arbeiters Ned Lud, der 1811–1816 das Los der Arbeiter durch die Zerstörung der Maschinen in den Fabriken bessern wollte. (Anm. d. Übers.)

Lateinamerika hat beschlossen, sich in die Entwicklung hineinzuschulen. Dieser Beschluß führt zu einer selbstgefertigten Unterlegenheit. Mit jeder Schule, die gebaut wird, wird ein neues Samenkorn institutioneller Verderbnis gelegt, und das geschieht im Namen des Wachstums.

Schulen betreffen einzelne und prägen Nationen. Die einzelnen kommen lediglich schlecht weg; die Nationen werden unwiderruflich verdorben, wenn sie Schulen bauen, die ihren Bürgern helfen sollen, im internationalen Wettbewerb mitzuspielen. Für den einzelnen ist die Schule immer ein Glücksspiel. Die Gewinnaussichten mögen sehr gering sein, aber jeder spielt mit dem gleichen Einsatz. Natürlich gewinnen, wie jeder gewerbsmäßige Glücksspieler weiß, am Ende die Reichen, und die Armen sind die Geleimten. Und wenn es der arme Mann fertigbringt, eine Weile beim Spiel auszuhalten, so empfindet er es doppelt schmerzlich, wenn er verliert, was beinahe unvermeidlich ist. Wer in einer Volksschule in einer lateinamerikanischen Großstadt durchfällt, hat immer größere Schwierigkeiten, in der Industrie beschäftigt zu werden.

Aber so gering die Chancen auch sind, so beteiligt sich doch jedermann am Spiel, weil es schließlich nur dieses eine Spiel gibt. Ein Stipendium mag schwer zu bekommen sein, aber es eröffnet die Chance, es den bestausgebildeten Bürokraten der Welt gleichzutun. Und ein Schüler, der scheitert, kann sich mit dem Wissen trösten, daß das Spiel von Anfang an gegen ihn abgekartet war.

Immer mehr Menschen glauben, daß dem Verlierer beim Schulspiel nur recht geschieht. Der Glaube, daß Schulen imstande seien, Menschen zutreffend zu etikettieren, ist bereits so stark, daß die Menschen ihr berufliches und eheliches Los mit der Resignation eines Spielers hinnehmen. In den Großstädten ist dieser Glaube an die Schulautomatik im Begriff, eine recht achtbare Meritokratie heranwachsen zu lassen: eine Geisteshaltung, in der jeder Bürger glaubt, er verdiene den Platz, der ihm durch die Schule zugewiesen wird. Noch ist die perfekte Meritokratie, in der es keine Ausreden mehr gäbe, noch nicht über uns gekommen, und ich glaube, sie läßt sich vermeiden. Sie muß vermieden werden, weil eine perfekte Meritokratie nicht nur teuflisch, sondern die Hölle selber wäre.

Wenn Pädagogen Geld für Schulen beschaffen, so appellieren sie damit an die Spielleidenschaft der gesamten Bevölkerung. Sie nennen den Einsatz, ohne die Gewinnchancen zu erwähnen. Und diese Chancen sind wirklich gering für jemand, der braunhäutig, arm oder in der Pampa geboren ist. Kein Land in Lateinamerika ist auf sein gebührenfreies, durch Gesetz obligatorisches Schulsystem stolzer als Argentinien. Dennoch gelangt von der unteren Hälfte der Bevölkerung nur einer von 5000 Argentiniern bis zur Universität.

Was für den einzelnen nur ein Glücksrad ist, erweist sich für eine Nation als kreisendes Rad unentrinnbarer Unterentwicklung. Die hohen Kosten des Schulwesens verwandeln Bildung in eine Mangelware, da die armen Länder sich damit zufriedengeben, daß eine bestimmte Zahl von Jahren, die einer in der Schule verbringt, einen gebildeten Menschen aus ihm machen. Mehr Geld wird für weniger Menschen ausgegeben. In armen Ländern nimmt die Schulpyramide reicher Länder die Form eines Obelisken oder einer Rakete an. Die Schule liefert denen, die sie besuchen und dann durchfallen, ebenso wie denen, die es überhaupt nicht schaffen, eine Erklärung für ihre Unterlegenheit. Für arme Nationen aber wird die Schulpflicht zum Denkmal ihrer selbstgeschaffenen Unterlegenheit. Sich den Schulhokuspokus zu kaufen, heißt, sich ein Billett für einen hinteren Sitz in einem Autobus zu kaufen, der nirgendwohin fährt.

Das Schulwesen läßt die ärmsten Nationen am Boden des Erziehungseimers eintrocknen. Die Schulsysteme der lateinamerikanischen Länder sind Fossilien eines vor hundert Jahren begonnenen Traumes. Dennoch entsteht die Schulpyramide allenthalben in Lateinamerika von oben nach unten. Alle Länder geben für deren Errichtung mehr als zwanzig Prozent ihres Staatshaushalts und fast fünf Prozent ihres Bruttosozialprodukts aus. Lehrer bilden den stärksten Berufsstand, und ihre Kinder sind häufig die stärkste Schülergruppe in den höheren Klassen. Elementarbildung gilt entweder als Grundlage der Schulbildung und gerät damit außer Reichweite der Ungeschulten und der frühen Durchfaller; oder sie gilt als Heilmittel für den Ungeschulten und frustriert diesen lediglich, so daß er seine Unterlegenheit hinnimmt. Selbst die ärmsten Länder geben weiterhin unverhältnismäßig große Summen für Hochschulen aus – Gärten, die eine Zierde der Luxuswohnungen oben auf Wolkenkratzern sind, die in den Slums errichtet wurden.

Bolivien ist infolge einer Überdosis an Schulwesen auf dem besten Wege zum Selbstmord. Dieser verarmte, binnenländische Staat baut Pappbrücken zum Wohlstand, indem er mehr als ein Drittel seines gesamten Haushalts für öffentliche Bildungseinrichtungen und nochmals die Hälfte davon für Privatschulen ausgibt. In Bolivien erhält ein Universitätsstudent tausendmal soviele öffentliche Mittel wie sein Mitbürger mit durchschnittlichem Einkommen. Die meisten Bolivianer leben außerhalb der großen Städte, aber nur zwei Prozent der

ländlichen Bevölkerung schaffen das fünfte Schuljahr. Diese Benachteiligung erhielt 1967 die gesetzliche Sanktion, als der Besuch der abgestuften Schule für alle zur Pflicht gemacht wurde — ein Gesetz, das die meisten Menschen durch Machtspruch zu Verbrechern erklärte und die übrigen von Rechts wegen zu Ausbeutern machte. 1970 wurden die Zulassungsprüfungen zur Universität mit hochtönenden Reden über Gleichberechtigung abgeschafft. Auf den ersten Blick erscheint es als liberaler Fortschritt, wenn alle Absolventen der high-school gesetzlich das Recht erhalten, auf die Universität zu gehen — bis man sich klarmacht, daß noch nicht zwei Prozent der Bolivianer die high-school absolvieren.
Vielleicht ist Bolivien für die Schulverhältnisse in Lateinamerika ein extremes Beispiel. Im internationalen Rahmen jedoch ist Bolivien wirklich typisch. Nur wenige afrikanische oder asiatische Länder sind so weit gelangt, wie es dort als selbstverständlich gilt.
Kuba ist vielleicht ein Beispiel für das andere Extrem. Fidel Castro hat versucht, eine große Kulturrevolution einzuleiten. Er hat die akademische Pyramide umgestaltet und versprochen, daß bis 1980 die Universitäten geschlossen werden können. Ganz Kuba würde eine große Universität sein mit einem größeren Lernprozeß, der sich zwischen Arbeit und Muße entwickelt. Trotzdem ist die kubanische Pyramide immer noch eine Pyramide. Zweifellos haben die Umverteilung der Privilegien, die Neufestsetzung gesellschaftlicher Ziele und die Beteiligung des Volkes an der Erreichung dieser Ziele auf Kuba seit der Revolution einen aufsehenerregenden Hochstand erreicht. Bisher jedoch beweist Kuba lediglich, daß unter außerordentlichen politischen Bedingungen die Basis des heutigen Schulsystems außerordentlich verbreitert werden kann. Der Dehnbarkeit der jetzigen Institutionen sind jedoch Grenzen gesetzt, und Kuba hat diese nahezu erreicht. Die kubanische Revolution wird erfolgreich sein — innerhalb dieser Grenzen. Was nur bedeutet, daß Castros glänzender Kopf einen schnelleren Weg zu einer bürgerlichen Meritokratie gefunden hat als vor ihm die Kapitalisten oder Bolschewiken. Manchmal deutet Castro, wenn er nicht gerade Schulbildung für alle verspricht, eine Entschulung für alle an, und die Pinieninsel scheint ein Laboratorium für die Umverteilung von Bildungsfunktionen auf andere gesellschaftliche Institutionen zu sein. Solange aber Kubas Pädagogen nicht zugeben, daß Bildung durch praktische Arbeit, die in einer ländlichen Volkswirtschaft wirksam ist, in einer städtischen Wirtschaft noch mehr ausrichten kann, wird Kubas institutionelle Revolution nicht beginnen. Auf der

Verleugnung der Wirklichkeit läßt sich keine Kulturrevolution errichten.

Solange das kommunistische Kuba verspricht, die high-school-Pflicht werde bis Ende dieses Jahrzehnts verwirklicht sein, verheißt es insoweit institutionell nicht mehr als das faschistische Brasilien, das ähnliche Versprechungen gegeben hat. Schon heute leben in Brasilien und Kuba genug Mädchen, um die Zahl potentieller Mütter in den achtziger Jahren zu verdoppeln. In beiden Ländern steht kaum zu erwarten, daß die pro Kopf verfügbaren Mittel für Bildungszwecke verdoppelt werden können; selbst wenn das möglich wäre, würde das überhaupt keinen Fortschritt bedeuten. Das Warten auf Godot ist in dem auf Entwicklung besessenen Brasilien ebenso müßig wie in Kuba. Ohne eine radikale Wendung in ihrer institutionellen Zielsetzung müssen beide „Revolutionen" sich selbst zum Narren halten. Leider scheinen beide, wenn auch auf verschiedenen Wegen, auf offenkundige Narretei zuzusteuern. Die Kubaner gestatten, daß Berufsarbeit, Parteitätigkeit und öffentliche Pflichten am Schuljahr nagen, und nennen das radikale Bildung, während die Brasilianer nordamerikanische Fachleute mit Unterrichtsmethoden hausieren lassen, die nur die Pro-Kopf-Kosten des Schulbesuchs erhöhen.

Daß durch Schulbildung Unterlegenheit erzeugt wird, zeigt sich in armen Ländern deutlicher und vielleicht schmerzhafter als in reichen Ländern. In den USA können die zehn Prozent mit den höchsten Einkommen ihren Kindern den größten Teil der Bildung durch private Institutionen verschaffen. Zugleich aber gelingt es ihnen, aus öffentlichen Mitteln, die für Bildungszwecke bestimmt sind, zehnmal soviel zu erlangen wie die ärmsten zehn Prozent der Bevölkerung. In der Sowjetunion läßt ein puritanischer Glaube an die Meritokratie die Konzentration von Schulprivilegien auf die Kinder der höheren Berufe in den Städten noch schmerzlicher empfinden.

Im Schatten jeder nationalen Schulpyramide wird ein internationales Kastenwesen mit einer internationalen Klassenstruktur vermählt. Die Länder werden in Kasten eingestuft, deren Bildungswürde sich danach richtet, wie viele Schuljahre ihre Bürger im Durchschnitt absolvieren. In allen Ländern erreichen einzelne Bürger einen symbolischen Adel dank einem Klassensystem, das jedermann dazu bestimmt, den Platz zu akzeptieren, den er verdient zu haben glaubt. Der politische Revolutionär verstärkt die Nachfrage nach Schulbildung, indem er das eitle Versprechen abgibt, unter seiner Regierung werde dank vermehrter Schulbildung allen mehr Wissen und höheres Einkommen zuteil werden. Er trägt zur Modernisierung einer weltweiten Klassenstruktur und zur Modernisierung der Arbeit bei. Es bleibt die Aufgabe des Kulturrevolutionärs, die Irrtümer zu überwinden, auf die sich die Förderung des Schulwesens gründet, und ein Programm für die radikale Entschulung der Gesellschaft zu umreißen.

Der tiefste Grund dafür ist, daß Schulbildung mengenmäßig verstanden wird. Weniger als viel ist nicht gut, und die Mindestmenge fordert einen Mindestpreis. Es ist offenkundig, daß bei Schulen gleicher Qualität ein armes Kind ein reiches ebensowenig einholen kann wie ein armes Land ein reiches Land. Ebenso offensichtlich ist, daß arme Kinder und arme Länder niemals gleiche Schulen haben, sondern stets schlechtere; daher geraten sie immer weiter in Rückstand, solange sie hinsichtlich ihrer Bildung auf Schulen angewiesen sind.

Eine weitere Illusion behauptet, daß das meiste Wissen aus Unterweisung stamme. Unter gewissen Umständen kann Unterweisung eine gewisse Art von Wissen vermitteln. Der stark motivierte Schüler, der vor der Aufgabe steht, ein neues System zu lernen, kann großen Nutzen aus der Disziplin ziehen, die wir heute meistens mit dem altmodischen Schulmeister verbinden. Die meisten Menschen erwerben jedoch den größten Teil ihrer Erkenntnis, ihres Wissens und ihrer Fertigkeiten außerhalb der Schule. In der Schule geschieht das nur insoweit, als die Schule in einigen reichen Ländern während eines ständig wachsenden Teils ihres Lebens zum Gefängnis wird. Die radikale Entschulung der Gesellschaft beginnt also damit, daß die Kulturrevolution dem Schulmythos die Maske abreißt. Sie schreitet fort mit dem Bemühen, die falsche Ideologie der Schulbildung aus den Köpfen anderer Menschen zu vertreiben — eine Ideologie, welche die Zähmung durch Schulbildung unvermeidlich macht. In ihrem letzten, positiven Stadium ist sie der Kampf für das Recht auf Freiheit, Wirtschaftlichkeit und Leistungsfähigkeit des Bildungswesens.

Ein Kulturrevolutionär muß dafür kämpfen, daß wir vor einem zwangsweise auferlegten, pflichtmäßigen Stufenlehrplan geschützt werden. Der erste Artikel eines Grundrechtskatalogs für eine moderne, humane Gesellschaft entspricht dem ersten Zusatzartikel der amerikanischen Verfassung. Der Staat soll kein Gesetz erlassen, das die Einrichtung eines Bildungswesens zum Ziel hat. Es soll keinen für alle verpflichtenden abgestuften Lehrplan geben. Um diese Entstaatlichung durchzusetzen, brauchen wir ein Gesetz, welches verbietet, daß jemand bei der Anstellung, beim Wahlrecht oder bei der Zulassung zu Bildungseinrichtungen dadurch benachteiligt wird, daß sein früherer Schulbesuch dafür maßgeblich ist. Diese Garantie würde keine besonderen Eignungsprüfungen ausschließen, würde jedoch die derzeitige absurde Bevorzugung von Personen beseitigen, die eine bestimmte Fertigkeit mit dem Höchstaufwand an öffentlichen Mitteln erlernt haben. Ein drittes Reformgesetz würde jedem Bürger das Recht auf einen gleichen Anteil an den öffentlichen Bildungsvorkehrungen, das Recht auf Feststellung dieses Anteils sowie das Recht gewährleisten, diesen Anteil einzuklagen, falls er ihm verweigert wird. Eine Bildungskreditkarte in der Hand jedes Staatsbürgers würde diese dritte Garantie nachdrücklich verstärken.

Die Abschaffung der Schulpflicht, die Abschaffung der Begünstigung von Personen auf dem Arbeitsmarkt, die ihr Wissen mit höherem Kostenaufwand erworben haben, und die Einführung einer Bildungskreditkarte würden es ermöglichen, einen freien Austausch für Bildungsleistungen zu schaffen. Entsprechend der heutigen politischen Ideologie ließe sich dieser Austausch durch verschiedene Mittel steuern: Belohnungen für den, der eine bestimmte benötigte Fertigkeit erlernt, Verzinsung des Bildungskredits für diejenigen, die diesen erst später ausnutzen wollen, Vergünstigungen für Betriebe, die in ihrem Arbeitsplan zusätzliche Weiterbildung vorsehen.

Eine vierte Garantie, die den Verbraucher gegen Monopole auf dem Bildungsmarkt schützt, wäre ein Gegenstück zum Antitrustgesetz.

Am Beispiel des Bildungswesens habe ich dargelegt, daß eine Kultur- oder Institutionsrevolution davon abhängt, daß die Wirklichkeit klargestellt wird. Entwicklungshilfe im heutigen Sinne ist gerade das Gegenteil: nämlich Manipulation der Umwelt und Bearbeitung des Menschen, um ihn einzupassen. Kulturrevolution ist eine Überprüfung der Wirklichkeit des Menschen und eine Neuinterpretierung der Welt nach Maßstäben, die diese Wirklichkeit stützen. Entwicklungspolitik ist der Versuch, eine Umwelt zu schaffen und dann mit großem Aufwand zu bilden, damit sie sich bezahlt macht.

Eine Bill of Rights für den Menschen von heute kann keine Kulturrevolution hervorrufen. Sie ist nur eine Kundgebung. Ich habe die Grundzüge einer Bill of Rights für das Bildungswesen dargelegt. Diese Grundsätze lassen sich verallgemeinern.

Von der Entstaatlichung des Schulwesens läßt sich allgemein die Freiheit von Monopolen bei der Befriedigung aller Grundbedürfnisse ableiten. Aus Benachteiligung aufgrund früheren Schulbesuchs läßt sich allgemein Benachteiligung in jeder Institution aufgrund von

Unterkonsum oder Unterprivilegierung in einer andern ableiten. Eine Garantie gleicher Mittel für Bildungszwecke ist eine Garantie gegen indirekte Besteuerung. Ein Antitrustgesetz im Bildungswesen ist offensichtlich nur ein Sonderfall von allgemeiner Antitrust-Gesetzgebung, die wiederum nur die Verwirklichung verfassungsmäßiger Garantien gegen Monopole ist.

Die zerstörende gesellschaftliche und psychologische Wirkung, die der Schulpflicht innewohnt, ist nur ein Beispiel für die allen internationalen Institutionen eigentümliche zerstörende Wirkung – Institutionen, die diktieren, welche Waren, Dienste und Wohlfahrtsleistungen heute verfügbar sein sollen, um menschliche Grundbedürfnisse zu befriedigen. Nur eine Kultur- und Institutionsrevolution, welche die Herrschaft des Menschen über seine Umwelt wiederherstellt, kann die Gewalt eindämmen, mit der jetzt die Entwicklung von Institutionen von wenigen zu ihrem eigenen Besten erzwungen wird. Vielleicht hat Marx es besser gesagt, als er Ricardo und seine Richtung kritisierte: „Sie möchten die Produktion auf ‚nützliche Dinge' beschränkt sehen, vergessen aber, daß die Produktion von zu vielen nützlichen Dingen zu viele nutzlose Menschen zur Folge hat."

# Quellennachweis

‚Nicht Ausländer, aber Fremde' (Not Foreigners, yet Foreign) unter dem Titel: ‚Puerto Ricans in New York: Not Foreigners, yet Foreign', in: ‚Commonweal' (Commonweal Publishing Co., Inc. 1956)

‚Schulen helfen nicht' unter dem Titel: ‚The Futility of Schooling' in: ‚Saturday Review' (Saturday Review, Inc. 1968)

‚Das Verschwinden des Priesters' unter dem Titel: ‚The Vanishing Clergyman' in: ‚The Critic' (The Thomas More Association 1967)

‚Die Kehrseite der Barmherzigkeit' (The Seamy Side of Charity) und ‚Gewalt: Ein Spiegel für Amerikaner' (Violence: A Mirror for Americans) unter dem Titel: ‚To be Perfectly Frank' sind hier mit freundlicher Genehmigung von der America Press (America Press, Inc., New York) nachgedruckt. − Erstdrucke: ‚America', 21.1.1967 und 27.4.1968.

‚Die Schule als heilige Kuh' (School: The Sacred Cow) unter dem Titel: ‚Commencement at the University of Puerto Rico' und ‚Geplante Armut als Frucht technischer Hilfe' (Planned Poverty: The End Result of Technical Assistance) unter dem Titel: „Outwitting the ‚Developed' Countries" in: ‚The New York Review of Books'

‚Struktur einer Kulturrevolution' (A Constitution for Cultural Revolution) unter dem Titel: ‚The Need for Cultural Revolution' in: ‚Great Books Today' (Encyclopaedia Brittanica, Inc. 1970)

# illich

**Ivan Illich:
Entschulung der Gesellschaft**

Mit einem Vorwort von Hartmut von Hentig. Deutsch von Helmut Lindemann. 1972. 160 Seiten. Paperback DM 15.–. (ISBN 3-466-42030-X)

Illich geht davon aus, daß der Mensch in den hochindustrialisierten Ländern und – über Maßnahmen der Entwicklungshilfe – in Anfängen auch bereits in Gebieten wie Lateinamerika vor allem danach bewertet wird, wieviel Schulstunden er konsumiert hat. Die Schule als das Reproduktionsorgan der modernen Gesellschaften ist für Illich das wirksamste Instrument zur Vorbereitung der Kinder auf ein entfremdetes Leben unter Leistungs- und Konsumdruck und zugleich die primäre Ursache für die Ausbreitung der sozialen Ungleichheit. Die Alternative hierzu soll nach Illichs kulturrevolutionärem Konzept die ›Entschulung der Gesellschaft‹ sein. Sie beginnt damit, daß an die Stelle des manipulativen ›Trichters‹, d. h. der Pflichtschule mit abgestuftem Lehrplan, ein ›Netz‹ kommunikativer, ›geselliger‹ Institutionen tritt, die jedem in jedem Alter ein freies, schöpferisches Lernen ermöglichen. Eine solche institutionelle Revolution hält Illich nicht nur für humaner als die politisch-ökumenische, sondern, im Gegensatz zu dieser, auch für die einzige in ihren Zielen realisierbare.

# kösel

# Ästhetik und Kommunikation
## Beiträge zur politischen Erziehung

Die Zeitschrift »Ästhetik und Kommunikation« wird von einem Frankfurter Redaktionskollektiv am Institut für experimentelle Kunst und Ästhetik [IKAe] herausgegeben, in dem Pädagogen, Soziologen, Philosophen und Germanisten vertreten sind. Die Zeitschrift veröffentlicht theoretische und praktische Beiträge, Dokumente und Materialien, die gesellschaftliche Entwicklungen im kulturellen Überbau analysieren und kritisieren. Die Zeitschrift geht aus von der gesellschaftlichen Funktion von Schule, Wissenschaftsbereich, Massenmedien und Kunst. Die Zeitschrift wendet sich deshalb an diejenigen, die in diesen Bereichen arbeiten und der sozialisierenden Funktion dieser Institutionen ausgesetzt sind. Diesen ihre gesellschaftliche Lage wie ihre Stellung im kapitalistischen Produktionsprozeß erfahrbar und veränderbar darzustellen, ist ihr wichtigstes Ziel.

Die vier Hefte des Jahres 1972 enthalten Beiträge aus den Themenbereichen:

**Ästhetik und Medientheorie**
Ästhetik und Medientheorie in den sozialistischen Ländern · Ansätze zur Film- und Fernsehkritik · Agitations- und Straßentheater · Ästhetisierung der Umwelt · Kritische Theorie und Ästhetik

**Pädagogik**
Vorschulpädagogik · Bildungsökonomie · Medien im Unterricht · Unterrichtsmodelle und Curriculumplanung · Politische Organisation der Lehrer

**Psychologie**
Lernpsychologie · Kollektive Therapie · Marxismus und Psychologie

**Sprachwissenschaft**
Materialistische Sprachtheorie · Kompensatorische Spracherziehung · Kritik des Struktualismus

Gegen Einsendung dieses Kupons erhalten Sie ein **Probeheft für 2 DM** (Ladenpreis 4 DM)
Rowohlt Verlag GmbH
Betr. Ästhetik und Kommunikation
2057 Reinbek, Postfach 9

# Paul und Jean Ritter
# Freie Kindererziehung in der Familie

**Wie ist das Prinzip Summerhill** auf die Erziehung in der Familie anwendbar?
**Können und sollen** Kinder in völliger Selbstbestimmung aufwachsen?
**Das Ehepaar Ritter schildert** auf Grund eigener Erfahrung aus 20 Jahren, wie das Familienexperiment mit sechs Kindern gelungen ist.
320 Seiten. Brosch.

## Rowohlt